3030 English 실전대화편

저자_ 김지완

1판 1쇄 발행_ 2008. 2. 5.
1판 30쇄 발행_ 2024. 10. 25.

발행처_ 김영사
발행인_ 박강휘

등록번호_ 제406-2003-036호
등록일자_ 1979. 5. 17.

경기도 파주시 문발로 197(문발동) 우편번호 10881
마케팅부 031)955-3100, 편집부 031)955-3200, 팩스 031)955-3111

저작권자 ⓒ 2008 김지완
이 책의 저작권은 저자에게 있습니다. 저자와 출판사의 허락 없이
내용의 일부를 인용하거나 발췌하는 것을 금합니다.

COPYRIGHT ⓒ 2008 by Ji-wan Kim
All rights reserved including the rights of reproduction
in whole or in part in any form. Printed in KOREA.

값은 뒤표지에 있습니다.
ISBN 978-89-349-2843-0 18740

홈페이지_ www.gimmyoung.com   블로그_ blog.naver.com/gybook
인스타그램_ instagram.com/gimmyoung   이메일_ bestbook@gimmyoung.com

좋은 독자가 좋은 책을 만듭니다.
김영사는 독자 여러분의 의견에 항상 귀 기울이고 있습니다.

섣불리 이 책을 구매하지 마세요!
(충동 구매 후 책장 위에 쓸모없이 꽂혀 있고 싶지 않습니다.)

누구를 위한 책인가?

1. 곧 외국에 나가거나 당장 영어로 업무를 해야 하는 분. (영어회화, 영어면접 등)

2. 학원에서 한인 수업을 오래 들었는데 도저히 원어민 수업으로 넘어갈 수 없는 분.
 (1년째 한인 선생님과 수업 받으시는 분들)

3. 영어 표현이나 문법은 무진장 많이 아는데 대화 중에 언제 어떻게 써야 하는지
 도저히 모르겠는 분. (표현은 아는데 대화 중에 끼여들어 한마디 하면 갑자기 썰렁해진다.)

4. 〈3030 English〉 1, 2탄을 성실히 학습했고 이후에 뭘 공부해야 할지 모르는 분.

아래와 같이 하실 분만 구입하세요!

1. 뒤에 나오는 책의 활용법을 충실히 따르실 분.

2. 해도 그만 안 해도 그만이 아니라 영어를 목숨 걸고 하실 분.

3. 자신도 영어를 잘할 수 있다고 믿고 긍정적으로 따라오실 분.

자가 레벨 테스트
아래 원어민의 질문에 영어로 소리 내어 대답해 보세요!

TEST

원어민 질문 : What do you usually do on Sundays?

나의 답변 : _____

대답이 입에서 술술 나오시나요?

머리로 할 수 있다고 생각하는 것과
직접 말할 수 있는 것은 완전히 다릅니다.

입으로 말할 수 없다면 영어는 아무 쓸모 없습니다.

위의 자가 테스트를 마치신 분들은
다음 페이지의 설문조사를 통해 이 책이 본인에게 적합한지 확인해 보세요.

단, 3일차까지 해보고 도저히 어려우신 분들은
〈3030 English〉 1, 2탄을 먼저 하고 다시 이 책을 보시기 바랍니다.

다음 설문에 답하세요.

1. 영어실력이 초중급에서 정체된 느낌이다.　　　□예　□아니오

2. 영어를 많이 알고 있지만 언제 어떻게 말해야 할지 모르겠다.　□예　□아니오

3. 영어회의, 영어면접에 자신이 없다.　　　□예　□아니오

4. 대화 중에 원어민의 말이 잘 안 들린다.　　　□예　□아니오

5. 영어를 꼭 잘해야 한다.(목숨 걸고 해보겠다.)　□예　□아니오

6. 나는 노력하면 영어를 잘할 수 있다고 믿는다.　□예　□아니오

7. 저자 김지완의 지시대로 30일간 철저히 따라하겠다.　□예　□아니오

수고하셨습니다.

설문 중 한 가지라도 '아니오'라고 대답하신 분들은
이 책의 구매를 신중히 재고해 보시기 바랍니다.

| 문항별 분석 |

1번 완전초보이시면 이 책보다는 〈3030 English〉 1, 2탄을 먼저 보시기 바랍니다.

2번 상황별로 썰렁하지 않게 말할 수 있는 분은 바로 학원에 가셔서
원어민 수업을 들으시기 바랍니다.

3번 영어회의, 영어면접에 100% 자신 있으신 분들은 여건이 된다면
외국인과 직접 대면하여 영어를 배우시는 게 더 효과적입니다.

4번 원어민의 말이 또렷하게 잘 들리시는 분들 역시 원어민과 직접 접촉하시는 것이
더 효과적입니다.

5번 영어에 목숨 걸 정도로 간절히 공부하지 않으실 분들은 어차피 이 책을 공부해도
늘기 힘듭니다. (간절해야 이루어집니다.)

6번 영어를 잘할 수 있을 거라 생각하지 않는다면 정말 잘할 수 없습니다.

7번 이 책을 쓴 사람은 김지완입니다.
제 의도대로 학습하지 않으면 효과를 보실 수 없습니다.

단! 지금(NOW!) 결심하고 영어를 잘할 수 있다는
긍정적인 마음으로 저자의 지시대로 학습하신다면
결과는 300% 보장합니다.

CONTENTS

Intro   10
게임의 법칙   12
보증서/서약서   13

1일차	Review of 3030 One and Two	14
2일차	우리 가족은 4명이에요.	20
3일차	그것은 3시입니다???	26
4일차	Review Talk	32
5일차	어제 차에 치였어.	38
6일차	Review Talk	44
7일차	공부하러 도서관에 갔어.	50
8일차	Review Talk	56
9일차	그만 후회하지 그래!	62
10일차	Review Talk	68
11일차	그가 언제 온다고 그러든?	74
12일차	Review Talk	80
13일차	내가 너라면 배우겠다.	86
14일차	Review Talk	92
15일차	그 남자는 내 여동생이랑 사겼던 사람이야.	98

16일차	Review Talk	104
17일차	그게 제가 그곳에 사는 이유예요.	110
18일차	Review Talk	116
19일차	그는 정말 행운아구나!	122
20일차	Review Talk	128
21일차	| 일반동사 Get의 쓰임 | 레몬에이드 한잔 줄래?	134
22일차	| 일반동사 Take의 쓰임 | 나 데려갈 수 있니?	140
23일차	| 상황별 Real Talk | 호텔에서 일어난 일	146
24일차	| 상황별 Real Talk | 우체국과 병원에서	152
25일차	| 상황별 Real Talk | 영어강사 24시	158
26일차	| 상황별 Real Talk | 좀 놀아 볼까? 파티도 가고	164
27일차	| 상황별 Real Talk | 물어물어 찾아가고 물어물어 사고	170
28일차	| 상황별 Real Talk | 쇼핑도 가고 콘서트도 가고	176
29일차	| 상황별 Real Talk | 슬랭 24시	182
30일차	무한 영어 공부법	188

Appendix_Review   194

Outro   223

INTRO

대한민국은 감히 영어중독증에 걸렸다고 해도
과언이 아닐 정도로
모두 영어에 목을 매고 있는 실정입니다.

어머니 세대들은 학교에서 6년, 또 요즘 아이들은 초등학교 때부터
어학원에 다니며 10년도 훨씬 넘는 시간을 영어에 투자하고 있습니다.

여기서 잠깐! 우리는 생각해 볼 것이 있습니다.

과연 6년 또는 10년을 공부한 우리의 평균 영어 실력은 어떠한가?
과거 경험에 비추어볼 때 간단한 말 한마디도 못 하시는 분들이
90% 이상일 거라 생각됩니다.

그럼 여기서 잠깐! 다른 비영어권 국가들을 살펴볼까요?
여타 비영어권 국가들의 경우, 학교에서 딱 2, 3년만 배우면 일상생활에 필요한
웬만한 영어는 자유롭게 구사할 수 있게 됩니다.

반면, 우리 대한민국 국민은 왜 이리도 영어에 약한 것일까요?
10년을 영어공부에 투자하고, 쉬운 말 한마디 못하는 것이 정상일까요?
아닙니다. 이건 비정상도 한참 비정상입니다.

이젠 바뀔 때가 되었습니다.
영어를 10년 하면 당연히 영어가 유창해야 합니다.
이것은 지극히 논리적이며 상식적인 이야기입니다.

그럼 왜 우리는 영어를 못하는가?

확실하고 명확하게 말씀드리겠습니다. 우리의 영어공부는 방법이 완전히 잘못되었습니다. 영어수업시간에 학교든 학원이든 영어로 떠드는 학생을 눈 씻고 봐도 찾아볼 수가 없습니다.

영어로 말을 해보지 않고 말을 할 수 있을까요?

참 이상한 일입니다. 원어민 선생님을 모셔다 놓고도 영어로 읽고 쓰기만 시키지 학생들이 직접 말해 보게 하질 않습니다.
지금 이 글을 읽고 있는 여러분들은 과거 수년간 영어공부를 하며 실제로 입을 열어서 영어로 몇 마디나 해보셨나요?

아마도 100마디 미만일 확률이 높습니다.

5, 6년 영어공부하고 고작 100마디. 아니 그것보다 덜 말해 봤을 확률도 상당히 높습니다.

자전거 타는 법을 배우려면 직접 자전거를 타 봐야 합니다. 아무리 강의를 들어도 타 보지 않으면 자전거를 탈 수 없습니다.

영어도 자전거처럼 체험학습입니다.

수업시간에 학생들이 입 밖으로 소리 내어 영어로 말하는 기회가 많아진다면 대한민국의 평균 영어실력은 저절로 향상될 것입니다.

이젠 정말! 말해야 합니다. 소리 내어 영어로 말해야 합니다.
언어는 말하기 위해 만들어졌음을 잊지 마세요!

게임의 법칙

처음 3일차 정도만 아래의 사용법에 따라 열심히 해보면
영어에 대한 자신감이 생기리라 확신한다.

1. 꼭 CD나 MP3를 들으며 책을 봐야 한다. (일방적인 말하기 책이 아니라 대화책이기 때문에 듣고 답해야 한다.)

2. 홀수 페이지에서는 대화한다는 생각으로 원어민의 말을 진지하게 듣는다.

3. 원어민의 말을 듣고 나서 한국인 성우가 원어민 말에 적당한 대답을 우리말로 하면 이것을 통역하듯 영어로 바꾸어 말한다.

4. CD에서 방금 말한 영어 문장을 원어민이 정확한 발음으로 교정해 주면 성대모사하듯 원어민을 따라 말해 본다.

5. 이런 식으로 홀수 페이지의 대화를 듣고 대답하며 진지하게 끝까지 마무리한다.

6. 짝수 페이지에서는 홀수페이지와 대화내용은 같지만 대화 순서가 바뀐다. 즉 통역해야 하는 부분이 다르다.

7. 홀수 페이지에서는 원어민이 대화를 처음 시작했다면 짝수 페이지에서는 독자가 먼저 첫 문장을 통역함으로써 대화를 시작한다. 역시 대화한다는 생각으로 끝까지 마무리한다.

〈3030 English〉 1, 2탄이 혼자서 일방적으로 말하는 셀프트레이닝북이었다면
이번 실전대화편은 원어민과 상호 대화하는 대화책입니다.

반드시 대화한다는 생각으로
감정을 넣어 큰소리로 말해 보세요!

보 증 서

30일 동안 매일 30분씩 본책 사용법을 준수하여
영어를 크게 소리 내어 말했음에도 미국 중학생 수준으로
영어로 말할 수 없는 분이 계시다면 저자의 인세를 돌려 드리겠습니다.
이건 저자의 솔직하고 진지한 약속입니다.

영국 중, 고등학교 졸업
미국 대학교 중퇴
현재 영어교육 8년차
베스트셀러 어학교재 10권 집필한
현 김지완어학원 원장 김지완의 보증서

서약서

나 [　　　]는 앞으로 30일간 저자 김지완의 가르침대로
30일간 최선을 다해 학습할 것을 다짐합니다.

나 [　　　]는 혹시 30일 학습하는 동안 슬럼프가 오거나 의심이
생겨도 포기하지 않고 묵묵히 30일까지 마치겠다고 다짐합니다.

나 [　　　]는 30일 후에 미국 중학생같이 말할 수 있으리라
믿습니다.

위와 같이 서약합니다.

년　월　일
(서명)

DAY-1 일차

자, 시작이 반이라는 말이 있습니다. 이제 **시작**입니다.
서약하신 것 잊지 마시고 오늘부터 영어정복의 첫걸음을
디뎌 보겠습니다. 여기서는 지난 1, 2탄에서 나왔던 표현들을 가지고
실전대화편의 새로운 학습 패턴에 대해 알아보겠습니다.
1, 2탄의 혼자 벽 보고 말하기(^^) 식이 아닌 테이프를 듣고
상대와 **대화하듯 말하는** 대화학습법입니다.
테이프에서는 원어민 질문에 한국인 성우가 적절한 답을 말해 줍니다.
그러면 이 우리말 문장을 영어로 바꿔 말해 보세요.
원어민이 앞에 있다는 생각을 가지고 **감정을 실어** 말하세요.

DAY-1

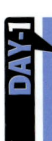

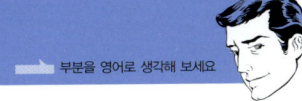

대화한다는 생각으로 우선 원어민의 말을 잘 듣고

대답을 영어로 바꿔 말해 보세요

부분을 영어로 생각해 보세요

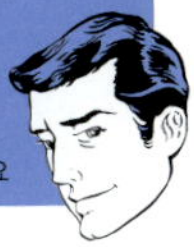

A Hi, Jay! What are you doing?

B 숙제 하는 중이야.

A Who's your English teacher?

B 뚱뚱한 남자분인데 아직 이름은 모르겠어.

A I think you are talking about Mr. Jones.

B 아. 그분이야.

A I think he is a good teacher.

B 난 아직 모르겠어.

A Does he give you a lot of homework?

B 아직 숙제를 내 주신 적은 없어.

A Really? That's unusual.

B 수업을 딱 한 번 했거든.

A He gave a lot of homework last semester.*

semester = 학기

B 너무 걱정된다.

A Don't worry, you will get used to* it.

get used to = ~에 익숙해지다

B 난 숙제하는 거 안 좋아하거든.

A Neither do I.

B 힘든 한 학기가 될 것 같다.

듣는 것과 말하는 것을 동시에 하는 것이 대화입니다. 익숙해지세요!

이번에는 대화 **순서를 바꿔서** 먼저 우리말을 영어로 바꿔 말하고 원어민의 말을 듣는 순서로 가 볼까요?

▬ 부분을 영어로 생각해 보세요

A 안녕, 제이! 뭐 하는 중이니?
B I am doing my homework.

A 누가 너희 영어선생님이니?
B He is a fat guy, but I don't know his name yet.

A 내 생각엔 존스 선생님 얘기하는 것 같다.
B Yeah, that's him.

A 난 그분이 좋은 선생님이신 것 같아.
B I don't know yet.

A 숙제 많이 내주시니?
B He hasn't given me any homework yet.

A 정말? 그것 이상하네.
B We only had one class.

A 지난 학기에 그 선생님이 숙제를 많이 내주셨어.
B I'm so worried.

A 걱정 마, 금방 익숙해질 거야.
B I don't like doing homework.

A 나도 별로야.
B I think it's gonna be a tough semester.

학습 패턴이 아직 잘 이해가 안 가시는 분들은 본책 사용법을 다시 한번 잘 확인해 보세요.

DAY-1

듣고 말하는 것을 우리는 '**대화**'라고 합니다.

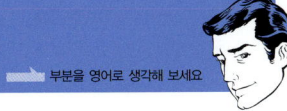

- A Did you watch the soccer game yesterday?
- B 아니, 나 어제 일찍 잤어.

- A Really? It was a great match.
- B 누구 경기였지?

- A It was Chelsea versus*Liverpool.
- B 넌 맨유 팬이잖아. 근데 그 경기는 왜 본 거니?

- A It was the FA cup final. You know I love soccer.
- B 몇 시에 했어? 너 너무 피곤해 보여.

- A It started at 1 a.m. It was 4 p.m. in England.
- B 한국하고 영국 시차가 어떻게 되지?

- A Korea is about 9 hours ahead of England.
- B 그래서 결과는 어땠는데?

- A Chelsea won easily. Lampard scored 5 goals.
- B 정말로? 그럼 첼시가 5대 0?

- A No. Even worse. It was seven to zero for Chelsea.
- B 리버풀 선수들이 다 부상당하기라도 했니?

- A No. Every first team member played, but they all looked so tired.
- B 프리미어리그는 경기수가 너무 많아서 선수들이 피곤해해.

혼자 말하기는 1, 2탄에서 했고 이제는 듣고 말하기를 하는 실전대화편입니다.

DAY-1 생각 외로 **실제 대화**에서 쓰는 표현들은 어렵지 않습니다.

▬▬ 부분을 영어로 생각해 보세요

- A 너 어제 축구경기 봤니?
- B No. I went to bed early.

- A 정말로? 멋진 경기였는데.
- B Who played?

- A 첼시하고 리버풀이 붙었지.
- B You are a Man U fan. Why did you watch that match?

- A FA컵 결승이었거든. 내가 축구 좋아하는 거 알잖아.
- B What time was the match? You look really tired.

- A 새벽 1시에 시작했지. 그게 영국에서는 오후 4시래.
- B What's the time difference between Korea and England?

- A 한국이 영국보다 한 9시간 빠를 거야.
- B So what was the result?

- A 첼시가 쉽게 이겼지. 램퍼드가 5골이나 넣었거든.
- B Really? Was it five to zero for Chelsea?

- A 아니, 더 나빴어. 7대 0으로 첼시가 이겼어.
- B Were all the Liverpool players injured*?

 injured = 부상당한

- A 아니. 1군 선수들이 다 뛰었는데. 다들 너무 피곤해 보이더라고.
- B There are too many games in Premier League and that makes players very tired.

우리가 단어나 문법을 몰라서 말을 못하는 것이 아닙니다. 단지 말하는 연습이 부족할 뿐입니다.

섹시하네요! 상의도 벗으시고.

제가 가르쳤던 수강생의 이야기입니다.
모 벤처회사 사장인 김아무개 씨는 외국에서 매우 중요한 바이어가 와서
직접 운전까지 하고 공항에 마중을 나갔습니다.
바이어는 미국인 여자였는데 상당히 아름답고 젊었습니다.
호텔로 가기 전에 식사나 하려고 한정식 집에 데리고 갔는데 방이 온돌인지라
너무 더웠습니다. 식사를 시작한 지 얼마 안 되어 김사장도 미국 바이어도 상의를 벗었습니다. 마침 미국인 바이어는 꽉 끼는 쫄티를 입고 있어서 약간 민망해하는 듯 보였고 또 서로 더우니까 얼굴까지 빨개져서 둘 다 약간 서먹서먹해졌다고 합니다.
이때 김 사장은 서먹서먹한 분위기를 좀 바꾸려고 한마디 던졌습니다.
더운가봐요! 재킷도 벗으시고. (이런 의미로 말을 했습니다.)
You are hot! You took off your jacket.
순간 미국인 바이어는 상당히 불쾌해 하더랍니다.
자, 그럼 여기서 왜 바이어가 불쾌해 했는지 혹시 아시나요?
김 사장의 말을 바이어는 "당신 섹시하다. 상의를 벗으니까."
뭐 대략 이렇게 오해했던 것입니다.
hot은 '덥다' 란 뜻도 있지만 '섹시하다' 란 뜻도 있기 때문에
이런 해프닝이 일어난 거죠.

영국 고등학교 시절 수영장 파티에서 찍은 사진입니다.
어때요? 모두들 Hot! 한가요?

영어 단어 하나에도 뜻이 여러 가지가 있다.

DAY-2 일차

원어민과 대화하듯 말해 보니까 어떤가요?
생각보다 원어민의 말이 잘 안 들리거나 영어로 입을 떼기가 어렵진 않나요? 오늘은 정말 너무나 단순한 것인데 여러분들이 잘 쓸 줄 모르는 There is..., There are...를 말해 보도록 하겠습니다.
무엇이 '있다, 없다' 혹은 몇 개, 몇 명이 '있다'를 표현할 때 쓰시면 딱 좋은 표현입니다. 특히 가족이 몇 명인지 얘기할 때 유용하죠. 연극하듯 감정을 살려 말해 보세요!
사과 한 개가 테이블 위에 있다. = There is an apple on the table.

쉽지만 우리가 사용할 줄 모르는 There is/are

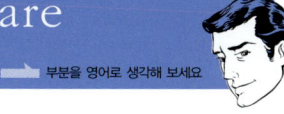

부분을 영어로 생각해 보세요

- A Jay, how many people are there in your family?
- B 4명이야.
- A Do you have a handsome brother by any chance*?
- B 아니, 근데 이쁜 여자형제는 있지.

by any chance = 혹시라도

- A Do you have any pets?
- B 응, 우리 집에는 개가 많아.
- A Wow! Really? How many?
- B 아마도 20마리는 넘을걸.
- A Is there a zoo in your house?
- B 아니, 하지만 수의사는 있지.
- A Who? Your dad?
- B 아니, 우리 삼촌이 수의사야.
- A But you said there are only four people in your family.
- B 내가 그렇게 말했나?
- A So how many people are there in your family?
- B 삼촌까지 5명이야. 미안.
- A Why don't you ask me about my family?
- B 너희 가족은 몇 명이니?

생각하는 대로 됩니다. 영어가 어렵다고 생각하면 정말 어렵습니다. 반대로 쉽다고 생각하면 쉽습니다.

놀랍게도, 영어 좀 하신다는 분들 중 상당수가
There is/are...를 잘 사용하지 않더군요.

부분을 영어로 생각해 보세요

A 제이, 너희 가족은 몇 명이니?
B There are four people in my family.

A 근데 혹시 잘생긴 남자형제는 없니?
B No, but I have a beautiful sister.

A 너 애완동물 기르니?
B Yes, there are many dogs in my house.

A 와! 정말? 얼마나 많아?
B Probably more than twenty.

A 너희 집에 동물원이라도 있니?
B No, but there is a vet.

A 누구? 너희 아버지?
B No, my uncle is a vet.

A 근데 너희 가족이 4명밖에 없다며.
B Did I say that?

A 그럼 너희 집 식구가 몇 명이니?
B There are five, including my uncle. I am sorry.

A 내 가족에 대해선 안 물어 볼래?
B How many people are there in your family?

가족수를 묻는 질문에 대부분 My family is four. 라고 대답하시는데. 이젠 어떻게 말하는지 아셨나요?

한인 회화과정을 6개월 정도 하신 분들이
원어민 수업으로 넘어갈 때 많이 힘들어 하십니다.

부분을 영어로 생각해 보세요

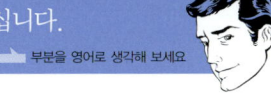

A Jay, where is your university?
B 미시간에 있어.

A Are there many hot* girls?
B 아니, 아직 한 명도 못 봤어.

hot
= 섹시한, 매력적인

A That's terrible. How about good bars?
B 미시간에 술집은 아주 많아.

A I'm sure there are many bars, but is there a good one?
B 응, 좋은 술집이 하나 있기는 해. 근데 이름이 기억이 안 나네.

A Come on, tell me the name.
B 왜? 미시간에 올 계획이라도 있어?

A Yes, I am going to visit you this summer.
B 정말? 그거 잘됐다. 혼자 올 거니?

A Of course. I have to go bar hopping* with you.
B 우리 클럽에도 가자.

A Is there a club in Michigan?
B 물론. 우리 집 주변에 클럽이 3개나 있어.

bar hopping
= 이 술집에서 저 술집으로 돌아다니며 술 마시는 것

A Sounds great. Let's party all night.
B 그래, 정말 재미있겠다.

이렇게 미리 〈3030 English〉로 준비하면 원어민 수업도 어렵지 않습니다.

말이 잘 나오지 않으면 **반복**해서 말해 보셔야 합니다.
반복만이 확실히 알고 넘어가는 방법입니다.

▬▬ 부분을 영어로 생각해 보세요

A 제이, 너희 대학은 어디에 있니?
B It's in Michigan.

A 섹시한 여자들 많니?
B No, I haven't seen any yet.

A 정말 안됐다. 좋은 술집들은 있니?
B There are many bars in Michigan.

A 물론 술집이야 많겠지. 근데 좋은 술집 있니?
B Yes, there is a good one, but I can't remember the name.

A 이거 왜 이래. 이름 말해 줘.
B Why? Are you planning to come to Michigan?

A 응, 이번 여름에 너 만나러 가려고.
B Really? That's awesome! Are you coming alone?

A 물론. 너랑 술집 전전하며 다녀야지.
B We can go clubbing, too.

A 미시간에 클럽이 있니?
B Of course, there are three clubs around my house.

A 죽인다. 밤새 파티하자.
B Yes, it's going to be fun.

아무리 쉬운 문장도 자꾸 반복해야 합니다. 반대로 아무리 어려운 문장도 반복하면 쉬워집니다.

원어민 발음 따라잡기!

시중에 발음과 관련된 교재가 너무나 많이 나와 있습니다.
또한 관련 동영상 강의도 인터넷에 넘쳐나고 있죠.
그만큼 영어 학습자들이 영어발음에 관심이 많다는 건데요, 과연 어떻게 하면 발음을 잘할 수 있을까요?
우선 발음은 최대한 미국사람처럼 하시면 좋습니다.
세계적으로 워낙 미국 영어를 선호하는 추세이기 때문에 미국발음에 가깝게 할수록 좋다고 보시면 됩니다.
자, 그럼 이제 미국발음을 따라잡는 방법을 알아보겠습니다.
우선, 미국인 발음을 따라잡기 위해 시간을 투자할 준비가 되셨나요?
가장 중요한 건 노력입니다. 아무리 방법을 알아도 꾸준히 노력하지 않으면 자기 것으로 만들 수 없으니까요.

원어민 발음 따라잡기
1. 미국인들이 대화하는 카세트 테이프나 CD를 구한다.
2. 비슷하게 말할 수 있을 때까지 **성대모사**한다.
3. 그 대화가 자연스럽게 된다고 생각하면 또 다른 테이프나 CD를 구해 연습한다.
4. 본인의 발음에 만족할 때까지 최소 3개월에서 6개월간 동일한 방법으로 연습한다.

최고의 발음공부는 원어민을 성대모사하는 것이다.

DAY-3 일차

실제로 회화를 하는 상황에 부딪히면 문법을 몰라서 또는 단어를 몰라서 말을 못하는 경우는 거의 없습니다. 일상회화는 여러분이 생각하는 것보다 훨씬 쉬운 문법과 문장으로 이루어져 있기 때문입니다. **이미 알고 있는 문법과 단어면 충분**합니다. 단, 알고 있는 것들을 언제 어떻게 사용하는지 직접 말해 보면서 **몸에 익혀야** 합니다. 그러면 오늘은 황당하리만큼 쉽고 너무 오래 전에 배워서 기억도 가물가물한 비인칭주어를 중심으로 대화해 보도록 하겠습니다. 이미 문법적으로는 저보다 더 잘 알고 계시겠지만 실제 대화 속에서의 흐름을 따라 **비인칭주어를 듣고 말해** 봅시다.

It's ten o'clock. (그것은) 열 시입니다?

▶ 부분을 영어로 생각해 보세요

A Jay, what time is it?
B 보자, 11시야.

A Aren't you going for a medical checkup* today?
B 아니, 어제 했어.

medical checkup
= 건강검진

A Really? Did you measure your height and weight?
B 응, 제발 묻지 마.

A Come on, what's your height?
B 정말 귀찮게 하네. 180cm야.

A Wow! You are tall. What's your weight?
B 85킬로야.

A You are so heavy.
B 알아. 나 살 빼려고.

A Is the hospital far from here?
B 아니, 대략 5km 정도 거리.

A That's good. I could drive my new car there.
B 새 차? 무슨 차?

A It's a secret. I will bring it to school tomorrow.
B 그거 2만 달러 넘니?

비인칭주어 It은 번역할 때 '그것' 이라 해석하지 않고 그냥 생략하면 됩니다.

날씨, 시간, 날짜, 무게, 거리, 가격 등을 말할 때 쓰이는
비인칭주어 It

부분을 영어로 생각해 보세요

A 제이, 몇 시니?
B Let's see, it's eleven o'clock.

A 너 오늘 건강검진 받으러 갈 거 아니니?
B No, I had it yesterday.

A 정말? 키하고 몸무게 쟀니?
B Yes. Please don't ask.

A 그러지 말고. 키가 몇이니?
B You are really bugging* me. It's 180 centimeters.

> bug = 귀찮게 하다

A 와! 너 키 크구나. 몸무게는 몇인데?
B It's 85 kilograms.

A 너 정말 많이 나간다.
B I know. I will go on a diet.

A 그 병원 여기서 머니?
B No. It's about 5 kilometers from here.

A 좋았어. 새 차로 운전해서 가야지.
B A new car? What car?

A 비밀이야. 내가 내일 학교로 몰고 갈게.
B Is it over twenty thousand dollars?

맞습니다! 무진장 쉽습니다. 하지만 적재적소에 쓰려면 직접 말해 보며 입에 익어야 합니다.

그냥 듣고 말하세요!
공부하려고 하지 마세요!

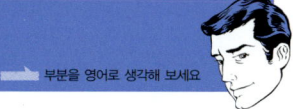
부분을 영어로 생각해 보세요

A How much is this fountain pen?
B 15달러 30센트입니다.

A Wow! It's really expensive. What's so special?
B 매우 가볍고 방수가 됩니다.

A Are you sure it's waterproof*?   *waterproof = 방수의
B 물론이죠. 그래서 그게 가장 비싼 거랍니다.

A Is it still raining outside?
B 잘 모르겠습니다만, 일기예보에선 오늘밤까지 온다고 했어요.

A Then can I take it outside and see if it's really waterproof?
B 그건 불가능합니다. 먼저 계산을 하셔야 합니다.

A How much is it again?
B 13달러 20센트입니다.

A You said it was 15 dollars.
B 죄송합니다. 다시 확인해 보겠습니다. 13달러 20센트 맞습니다.

A I am sure you told me a different price a few minutes ago.
B 죄송합니다. 이 펜이 세일중이라서요.

A So is 15 dollars the original price?
B 정확히 말하면, 15달러 30센트입니다.

영어는 공부하는 과목이 절대 아닙니다. 말하는 과목이죠. 체험하는 학습입니다.

원어민의 말이 잘 안 들리신다고요?

▶ 부분을 영어로 생각해 보세요

- A 이 만년필은 얼마인가요?
- B It's 15 dollars and 30 cents.

- A 와! 정말 비싸네요! 뭐가 그리 특별한가요?
- B It's very light and waterproof.

- A 방수가 되는 거 확실한가요?
- B Of course. That's why it's the most expensive.

forecast = 일기예보

- A 아직도 밖에 비가 오나요?
- B I don't know for sure, but the forecast* said it would rain until tonight.

- A 그럼 밖에 가지고 나가서 진짜 방수인지 확인해 봐도 될까요?
- B That's not possible. You have to pay first.

- A 다시 한번 얼마라고요?
- B It's 13 dollars 20 cents.

- A 15달러라고 하셨는데.
- B I am sorry. I will check again. It's 13 dollars 20 cents.

- A 몇 분 전에 분명히 다른 가격을 얘기하셨어요.
- B I am sorry. This pen is on sale.

- A 그럼 15달러가 원래 가격인가요?
- B To be precise,* it's 15 dollars 30 cents.

precise = 정확한

반복해서 들어 보세요. 반복하면 참 신기하게도 들립니다.

웃지 못할 에피소드!

영국 유학시절, 방학을 틈타 부모님이 영국에 놀러 오시게 되었습니다.
저는 물론이고 부모님도 엄청 들떠 계셨고, 하루하루가 너무나 행복한 시간이었습니다. 하루는 런던 시내관광을 나가서 쇼핑도 하고 여기저기 다니며 사진도 찍고 정말 즐거웠죠. 저녁때쯤 되어 우리는 타워브리지에 도착했습니다. TV에서만 보던 타워브리지라 가족 모두 흥분했고 거의 연속 촬영 수준으로 사진을 찍어댔습니다. 그러던 중 아버지께서 저더러 지나가는 행인한테 부탁해서 우리 가족사진 하나 찍어 달라고 하면 어떻겠느냐고 하셔서, 전 유학 1년차의 영어실력을 뽐낼 겸 지나가던 영국신사 한 분에게 당당하게 다가갔습니다. 뿌듯하고 들뜬 마음으로 우리 식구는 사진촬영을 하게 되었고, 우리 모두 카메라를 향해 일제히 V자 포즈를 취했습니다. 그런데 이게 웬일입니까? 대뜸 영국 신사분이 저희에게 욕을 하시는 겁니다. 그래서 전 물었죠. "대체 왜 그러세요?" 그러자 영국 신사는 왜 자기한테 손가락욕을 하느냐는 것이었습니다. 그 당시에는 너무 황당했었는데 나중에 알고 보니 영국에선 손으로 V자를 하는 것이 가운데 손가락을 들어 올리는 것과 거의 비슷한 수준의 욕이라는 것입니다. "이런!" 영국신사분 얼마나 놀랐을까요?
여러분! 영국에선 손등을 보이게 V자 표시를 하는 것은 매우 큰 욕입니다.
외국 가서 V자 너무 남발하시면 안 되겠죠?

영어는 언어이기에 그들의 문화를 먼저 알아야 한다.

DAY-4일차

자, 벌써 4일차입니다. 여기까지 오면서 점점 영어실력이 향상될 것이라는 자신감이 생기셨나요? 분명하고도 확실한 것은 이렇게 지속적으로 집중해서 말하면 영어실력은 향상될 수밖에 없다는 것입니다. 그럼 오늘은 2일차 there is/are 그리고 3일차에 나온 비인칭주어를 중심으로 원어민과 대화하는 연습을 해보도록 하겠습니다.
쉽게 말해, 2, 3일차에 연습한 것을 한번에 복습한다고 생각하시면 되겠습니다. 연극한다는 생각으로 억양이나 감정 몰입에 신경 써서 크게 말해 봅시다.

DAY 4

⟨3030 English⟩ 1, 2 탄을 해보신 분들은 아시죠?
"섞어 말하기 시간"

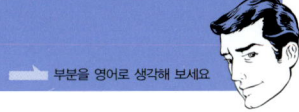

A Is there a DVD player in your house?
B 아니, 그런데 플레이스테이션은 있어.

A Can you watch DVDs on playstation?
B 응, 게임도 하고 DVD도 볼 수 있어.

A How much is it?
B 150달러 정도 해.

A What? It's cheaper than my DVD player.
B 네 DVD 플레이어가 기능은 더 많을 거야.

A I don't need many functions. Is it light?*
B 응, 아주 가볍고 작아.

light
= 가벼운

A Where did you buy it?
B 월마트에서 샀어.

A Is it far away?
B 아니, 여기서 차로 약 10분 거리야. 운전해서 갈 거지?

A No. I don't drive nowadays. Gas is so expensive.
B 리터당 얼마길래?

A It's about ten dollars per liter.
B 택시비보다 비싸다.

작심삼일이 된다고요?
음… 그럼 이틀에 한 번씩 작심삼일하세요^^

원어민이 한국사람의 영어를 못 알아듣는 커다란 이유 중 하나가
바로 **작은 목소리** 때문이란 걸 알고 계셨나요?

부분을 영어로 생각해 보세요

- A 너희 집에 DVD 플레이어 있니?
- B No, but there is a playstation.

- A 플레이스테이션에서 DVD 볼 수 있니?
- B Yes. You can play games and watch DVDs.

- A 얼마야?
- B It's about 150 dollars.

- A 뭐라고? 내 DVD 플레이어보다 싸잖아.
- B I am sure there are more functions in your DVD player.

- A 나는 많은 기능은 필요 없는데. 그거 가볍니?
- B Yes. It's very light and small.

- A 어디서 샀니?
- B I bought it from Wal-mart.

- A 멀어?
- B No, it's about a 10 minute drive from here. Are you driving there?

- A 아니. 요즘에 운전 안 해. 기름이 너무 비싸서.
- B How much is it per liter?

- A 리터당 10달러 정도해.
- B It's more expensive than a cab.

목소리를 키우세요! 목소리가 작으면 원어민은 못 알아듣습니다.

DAY-4 많이 어려우신 분들은 먼저 〈3030 English〉 1, 2탄을 해보셔야 합니다.

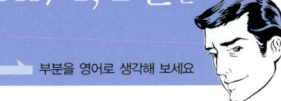
부분을 영어로 생각해 보세요

- A Jay! How's the weather?
- B 화창해.

- A Really? Do you want to play soccer?
- B 물론. 근데 너희 차고에 축구공 있니?

- A There are some tennis balls, but there is no soccer ball.
- B 그럼 어디서 축구공을 빌리지?

- A We can borrow one from Mike.
- B 마이크네 집은 여기서 얼마나 멀어?

- A It's about a mile away from here.
- B 그래? 그럼 그냥 택시 타고 가자.

- A I don't have any money with me. Let's just walk.
- B 내 생각에는 비가 올 것 같아. 택시 타자.

- A Don't worry, it's scorching* hot. It's not gonna rain.
- B 확실해? 정 그렇다면 걸어가자.

scorching = 몹시 뜨거운

- A By the way, how much is the taxi fare to Mike's?
- B 아마도 10달러 미만.

- A Are there many taxies in this area?
- B 당연하지. 어제 아침에도 우리집 앞에 5대나 있더라.

반복해도 도저히 안 된다면 〈3030 English〉 1탄 혹은 2탄으로 돌아가셔야 합니다.

DAY 4

어때요? **영어로 대화하기.** 재미있지 않나요?

■ 부분을 영어로 생각해 보세요

A 제이! 날씨 어때?
B It's sunny.

A 정말? 너 축구할래?
B Sure. Is there a soccer ball in your garage*?

A 테니스공은 있는데 축구공은 없어.
B Then where can we borrow one?

A 마이크한테서 빌리면 되지.
B How far is Mike's from here?

A 여기서 대략 1마일 정도.
B Really? Then let's just take a cab there.

A 나 돈 가진 게 없는데. 그냥 걸어가자.
B I think it's going to rain. Let's just take a cab.

A 걱정 마. 무지하게 더운데 뭐. 비 안 올 거야.
B Are you sure? Then let's walk.

A 그런데 마이크 집까지 택시비는 얼마 정도 해?
B It's probably under 10 dollars.

A 이 동네에 택시가 많니?
B Sure. There were five cabs in front of my house yesterday morning.

말할 수 없으면 당신의 영어는 아무 쓸모 없습니다. 영어는 말할 수 있어야 합니다.

창피했던 그 "M" 햄버거집!

유학 초반에 있었던 일입니다. 친구들과 햄버거집에 갔는데 어찌할 바를 몰라서 앞 사람을 따라해야겠다고 생각을 하곤, 주의 깊게 앞 사람이 주문하는 것을 지켜보았습니다. 그 사람은 그냥 '넘버 원'이라고 했는데 햄버거와 콜라 거기다 프렌치 프라이까지 받아 가는 것이었죠. 그래서 저도 당연히 '넘버 원'이라고 했고 맛있는 식사를 할 수가 있었습니다. 그 뒤론 햄버거집에만 가면 항상 메뉴 '넘버원'을 먹었습니다.

그러다가 학기가 시작되어 학교 기숙사로 들어가게 되었죠.

학기 첫날 점심시간때 구내식당에 가게 되었는데 한국과는 다르게 음식의 종류가 매우 다양했고 메뉴를 직접 고를 수 있게 되어 있었습니다. 선택 사항 중 햄버거가 있는 것을 보고 저는 당연히 "넘버 원 주세요" 했습니다.

그러자 요리사분은 이상하다는 듯 쳐다보며 뭘 원하느냐고 되묻는 것이었습니다. 저야 물론 계속 '넘버 원'을 달라고 했고 제 뒤에 있던 학생이 답답했던지 크게 소리쳤습니다. "여기가 무슨 맥도날드인줄 알아?"

'넘버 원'이 세트 메뉴 번호란 걸 그제서야 알게 되었고 한동안 창피해서 구내식당에서 얼굴도 못 들고 다녔던 기억이 납니다.

가서 창피당하지 말고 미리미리 〈3030 English〉로 열심히 공부합시다.

DAY-5일차

대부분의 문장은 동작을 하는 행위자 중심으로 이루어져 있습니다만, 그렇지 않은 경우가 있는데 이런 종류를 수동태라고 합니다.
수동태 문장은 동작의 행위자가 중요하지 않거나 행위자가 누군지 쉽게 짐작할 수 있을 때 쓰며 행위자가 아니라 **그 동작을 당한 사람이 문장의 주인공**이 되는 것이 특징입니다.
즉 "철수가 날 때렸다"를 수동태 문장으로 바꾸면 "난 철수에게 맞았다" 식으로 변하게 됩니다.
그럼 수동태 문장들을 이용하여 직접 원어민과 대화해 볼까요?

DAY-5

수동태가 어떤 때 쓰이는지 잘 모르셨죠?

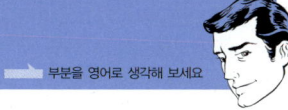

▶ 부분을 영어로 생각해 보세요

A What happened? Did you break your arm?
B 응. 나 어제 차에 치였어.

A Does it hurt?
B 응, 너무 아프다.

A Were you hit by a big truck?
B 아니. 승용차에 치였어.

A Were you shocked?
B 응, 나 너무 놀랐었어.

A So, did the driver take you to the hospital?
B 아니, 치인 후에 기절했었는데, 운전자는 도망갔어.

A That's terrible. So who took you to the hospital then?
B 다행히도 경찰관에 의해서 병원으로 후송되었어.

A Was the driver arrested?*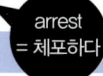
arrest
= 체포하다
B 아니, 아직. 곧 분명 잡히겠지.

A I hope so, too. By the way, are you prepared for the test?
B 무슨 시험?

A Are you serious? We will be given a final test today.
B 우리 막 중간고사 끝났잖아.

잠깬! 수동태 만드는 법이…… be + p.p(과거분사) 맞죠?

미국 시트콤을 보면 배우들의
과도한 **바디랭귀지**를 볼 수 있습니다.

부분을 영어로 생각해 보세요

- A 무슨 일 있었니? 팔 부러졌어?
- B Yes. I was hit by a car yesterday.

- A 아프지?
- B Yes. It hurts so much.

- A 큰 트럭에 치였니?
- B No. I was hit by a sedan.*

sedan = 문이 4개 있는 승용차

- A 놀랐었지?
- B Yes, I was really shocked.

- A 그래서 운전자가 병원에 데려다 줬니?
- B No, I fainted after I was hit and he ran away.

- A 정말 안됐구나. 그럼 누가 병원에 데려다 줬니?
- B Luckily, I was taken to the hospital by a cop.*

cop = 경찰

- A 그 운전자는 체포됐니?
- B No, not yet. I am sure he will be arrested soon.

- A 그래야 될 텐데. 근데 너 시험 준비는 다 됐니?
- B What test?

- A 정말 몰라? 오늘 우리 기말고사 보잖아.
- B We've just finished midterm exams.

과한 바디랭귀지는 자신감을 더해 줍니다.

DAY-5

영어는 열심히 학습하는 것이 아니라 **말하는 것**입니다.

부분을 영어로 생각해 보세요

A Whose painting is this?
B 이건 피카소가 그렸어.

A Really? Was this really painted by Picasso?
B 물론 아니지. 이건 모조품이야.

A That's what I thought.
B 난 피카소 그림이 너무 좋아.

A Who doesn't? Picasso's paintings are loved by everyone.
B 그럼 너 그림에 관심 있니?

A Sure. I love paintings.
B 네가 그림 좋아하는 줄 몰랐는데. 너무 놀랍다.

A Actually, my older sister is an artist.
B 수잔 말이니?

A Yes, she majored* in art.   *major = 전공하다*
B 그녀는 결혼했니?

A Yes. She is married to John.
B 그녀가 프로포즈했니, 아니면 프로포즈받았니?

A Of course, she was proposed to.
B 내가 결혼식에 초대받았던가?

수영이나 자전거처럼 영어도 체험학습입니다. 책 읽고 강의 듣는 것만으로 수영을 배울 수 없듯이 영어도 직접 말해 봐야 합니다.

DAY-5 포기하고 싶어질 땐 **서약서**를 기억하세요!
자신이 한 약속에 책임을 지셔야 합니다.

▬▬ 부분을 영어로 생각해 보세요

- A 이 그림 누구 거야?
- B This is painted by Picasso.

- A 정말? 이 그림 정말로 피카소가 그렸니?
- B Of course not. This is an imitation.*

  imitation = 모조품

- A 그럼 그렇지.
- B I love paintings by Picasso.

- A 싫어하는 사람 있나? 피카소 그림은 다들 좋아하잖아.
- B Are you interested in paintings then?

- A 물론. 나 그림 엄청 좋아해.
- B I didn't know you like paintings. I am amazed.*

  amazed = 놀란

- A 사실 우리 누나가 화가야.
- B You mean Susan?

- A 응, 그녀는 미술을 전공했어.
- B Is she married?

- A 응, 존하고 결혼했어.
- B Did she propose or was she proposed to?

- A 물론 청혼받았지.
- B Was I invited to the wedding?

이렇게 하루 30분씩 딱 30일이면 원어민과의 대화가 쉬워집니다.

7 대 3의 법칙

예전에 어떤 강의에서 들은 내용입니다. 10명이 공부를 하면 그중 7명은 그냥 허송세월하게 마련이고 딱 3명만 학습효과를 본다는 것이죠. 저도 3년간 학원 운영을 하면서 그것을 몸소 체험하게 되었습니다.
학원 설립 초반에는 제가 〈3030 English〉 1, 2탄을 특강하곤 했었는데 역시나 제가 쓴 책으로 열성을 다해 강의해도 10명 중 제대로 익혀 가시는 분은 3명밖에 되지 않았습니다. 여러분, 궁금하시겠죠? 왜 이런 말을 할까?
지금 이 책을 같은 값 주고 사서 읽으시는 분들 중에도 그 7명에 속하시는 분들과 3명에 속하시는 분들이 있게 마련이란 얘기입니다. 여러분은 상위 30%가 되길 원하시나요, 아니면 하위 70%? 그건 여러분이 선택하시는 것입니다.
간절히 원하면 무엇이든 이루어지게 되어 있습니다.
여러분이 아직까지 영어를 정복하지 못한 단 한 가지 이유는 진정으로 영어정복을 원하지 않았기 때문입니다.
꿈은 반드시 이루어집니다.

간절히 원하면 영어따위는 얼마든지 정복할 수 있다.

DAY-6 일차

문법적으로 보자면 대부분 중학교 때 배운 것들인데 막상 대화하듯 듣고 대답하려니 어렵지 않나요?

잘 안 되는 부분은 **계속 반복해서 입에 익을 때까지** 말해 보시기 바랍니다. 오늘은 2, 3일차 그리고 5일차에 배운 내용을 모두 섞어서 대화해 보도록 하겠습니다. 아무리 쉬운 문장이라도 반복하면 할수록 훨씬 효과적이라는 것, 잊지 마세요.

작심삼일을 이틀마다 한 번씩해서 혹시 찾아올지 모르는 게으름을 미리 차단하세요!

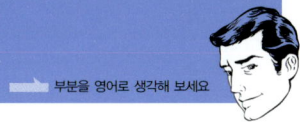

당신은 **영어정복**을 간절히 원하시나요?
간절히 원하면 꼭 이루어지게 되어 있습니다.

▶ 부분을 영어로 생각해 보세요

A Jay! Where were you yesterday?
B 나 팀의 파티에 갔었어.

A Were there many people from out of town?
B 물론, 심지어 외국인들도 좀 있었어.

A Did you have fun?
B 물론이지. 영국 아가씨가 나한테 춤추자고 했었어.

A You are such a lucky guy. How was the weather there?
B 눈이 왔어.

A Wasn't it a garden party?*
B 응, 근데 다행히 집 옆에 술집이 하나 있어서 그곳으로 옮겼지.

> garden party = 정원파티

A How many people were there?
B 사람이 너무 많아서 셀 수 없었어.

A I bet. Tim has so many friends.
B 넌 어제 왜 안 왔어?

A Because I wasn't invited.
B 나도 초대받지 않았는데. 그냥 에이미 따라갔었어.

A Damm it! I should've been there.
B 사람들이 너에 대해 묻더라.

대화를 할 때는 상대방의 말에만 귀 기울이기보다 몸짓과 표정을 보며 상황을 파악하는 것이 훨씬 효과적입니다.

A 제이! 너 어제 어디 있었니?
B I went to Tim's party.

A 거기 외지 사람들 많았었니?
B Of course. There were even some foreigners.

A 재미있었니?
B Sure. I was asked for a dance by a british girl.

A 넌 정말 행운아다. 거기 날씨 어땠니?
B It snowed.

A 정원파티 아니었어?
B Yes, but luckily there was a bar right next to the house, so we moved over there.

A 사람이 얼마나 많이 왔었어?
B There were so many people. I couldn't count.

A 그렇겠지. 팀은 친구가 많잖아.
B Why didn't you come yesterday?

A 초대받지 않았거든.
B I wasn't invited, either. I just went with Amy.

A 젠장! 나도 갔어야 했는데.
B People were asking about you.

힘내세요! 힘든 부분은 반복을 통해 꼭 자기 것으로 만든 후 넘어가세요!

DAY-6 영어로 취미를 가지면
좀더 재미있게 영어를 배울 수 있습니다.

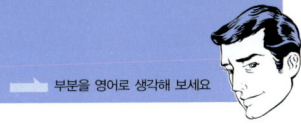

- A What are you watching?
- B 프리미어리그 경기 보는 중이야.

- A Why are there only nine players in blue jerseys?*
- B 1명이 퇴장당했어. 그래서 9명밖에 없어.

> jersey = 축구, 럭비 용 셔츠

- A Really? Why?
- B 옐로 카드를 2장 받았거든.

- A Why isn't Beckham playing?
- B 왜냐면 베컴은 미국에서 뛰고 있거든.

- A I see. Beckham is the only player I know.
- B 사실 베컴이 제일 많이 알려진 선수이기도 하지.

- A He is so cool. By the way, is it raining in England?
- B 응, 비가 심하게 오네.

- A What's the score?
- B 3대 3이야.

- A Exciting! Let me watch.
- B 네가 축구를 본다니 놀랍다.

- A I am interested in soccer nowadays.
- B 나 7시에 약 먹어야 하는데. 지금 몇 시지?

저는 영국유학 시절 축구중계를 통해 영어 듣기를 공부했었습니다. 영국에서 축구는 정말 종교 이상입니다. '축구는 종교다' 라는 광고문구도 있었을 정도이니까요.

6일차 **47**

감정을 넣어 크게 말하고 계신가요?

A 뭐 보는 중이니?
B I am watching the Premier League.

A 파란 셔츠는 왜 선수가 9명밖에 없어?
B One player was sent off,* so there are only 9 players.

A 정말로? 왜?
B He was given two yellow cards.

A 왜 베컴은 뛰고 있질 않지?
B Because Beckham is playing in the U.S.A.

A 그렇군. 베컴은 내가 아는 유일한 선수야.
B In fact, Beckham is the most well known player.

A 그는 정말 멋있어. 근데 영국에는 비가 오나?
B Yes. It's raining heavily.

A 점수가 어떻게 돼?
B It's three all.*

A 흥미롭다! 나도 볼게.
B I am surprised that you are watching a soccer game.

A 나 요즘에 축구에 관심 있거든.
B I have to take medicine at seven. What time is it now?

그럼 '4 대 4'는? → four all이라고 하면 됩니다.

웃기는 콜리셔(Collishaw) 부부

아래의 사진에 있는 남녀는 저의 법적 보호자였던 콜리셔 부부입니다.
저를 친아들 이상으로 따뜻하게 대해 주셨던 분들이죠.
연세도 지긋하셨는데 게임기로 설거지 내기도 하고
또 자기 딸에게 친구처럼 대하는 참 이상적인 가정이었습니다.
보고 싶어요. 아저씨, 아줌마!

아저씨 : 내가 이겨서 설거지 안
　　　　해야 되는데…
아줌마 : 재밌네! 내가 꼭 이겨서
　　　　당신 설거지 시켜야지!

아저씨 : 유휴! 내가 이겼다!
　　　　당신, 수고해! ㅋㅋㅋ
아줌마 : 에이! 이 기계가 좀 이상
　　　　한 것 같아.

DAY-7 일차

짧은 문장 여러 개를 쭉 이어서 말하는 것도 의사소통하는 데 아무런 손색이 없습니다. 단, 아무래도 영어 촌티가 확 나겠죠. 그래서 오늘은 어떻게 하면 좀더 **고급스럽게 말할 수 있는지** 알아보고 직접 말해 보도록 하겠습니다. 예를 들어 이런 것입니다.

영어초보 : I went to the library. I studied for the final exam.
영어프로 : I went to the library to study for the final exam.
둘 다 기말고사 준비를 위해 도서관에 갔다는 얘기인데,
역시 후자가 훨씬 부드럽죠? 'to + 동사원형',
이것 하나만 잘 써도 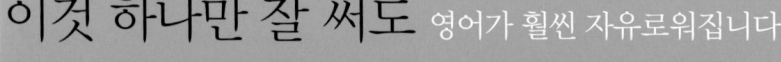 영어가 훨씬 자유로워집니다.

흔히 'to부정사'라고 합니다만, 그건 중요하지 않습니다.
그냥 말해 봅시다.

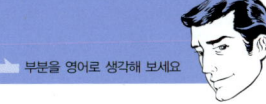

- A Jay! What did you do yesterday?
- B 나 기말고사 공부하러 도서관에 갔었어.
- A Really? I was there, too. How come* I didn't see you?
- B 혼자 공부하려고 3층에 있었거든.

how come = 어째서

- A That's why I didn't see you.
- B 넌 거기서 뭐 했니?
- A I went there to do my science homework.
- B 과학은 너무 어려워. 네가 내 과학 숙제 도와줬으면 해.
- A You haven't done it yet?
- B 아니, 아직.
- A Are you coming to the library today?
- B 응. 너 3층으로 와서 나 도와줄 수 있니?
- A Sure, what time?
- B 7시까지 갈게. 너무 일찍 가는 건 싫어.
- A Why don't you come earlier to book a room?
- B 그럴까? 언제 가야 할지 모르겠네.
- A You should go there before five to get a good spot.*
- B 그럼 오늘 저녁에 보자.

spot = 자리

to부정사를 자유롭게 쓸 수 있으면 영어의 질이 확 달라집니다.

DAY-7

주변의 영어 잘하는 사람에게 비결을 물어 보신 적 있나요? 대부분의 경우 그냥 열심히 했다고 말할 것입니다.

부분을 영어로 생각해 보세요

A 제이! 너 어제 뭐했니?
B I went to the library to study for the final exam.

A 정말? 나도 거기 있었는데, 왜 널 못 봤을까?
B I was on the third floor to study by myself.

A 그래서 널 못 봤구나.
B What did you do there?

A 난 과학숙제 하러 갔었지.
B Science is too hard. I want you to help me with my science homework.

A 아직 안 했니?
B No, not yet.

A 너 오늘 도서관에 올 거니?
B Yes. Can you come to the third floor to help me?

A 물론. 몇 시에?
B I will be there by seven. I don't want to go too early.

A 일찍 와서 방 잡는 건 어때?
B Shall I? I don't know when to go.

A 5시 전에 가야 좋은 자리를 맡을 수 있을 거야.
B I will see you this evening then.

큰소리로 반복해서 말하는 것보다 좋은 학습법은 어디에도 없습니다.

점점 **향상**되는 본인의 영어실력이 놀랍지 않나요?
어렵고 긴 문장도 여러 번 **반복**해서 자기 것으로 만드세요!

부분을 영어로 생각해 보세요

A Did Amy come to see you yesterday?
B 아니, 그런데 제니가 날 보러 왔었어.

A Did she ask you to go to the prom* with her?
B 아니, 그냥 나랑 저녁 먹으러 왔었어.

prom = 미국 고등학교의 정식 무도회

A I want Tony to come to the prom with me.
B 그래? 나하곤 상관없어. 난 어차피 제인하고 가니까.

A What are you going to wear?
B 난 입을 게 아무것도 없어.

A What about your dad's suits?
B 아버지 양복들은 내가 입기엔 너무 커.

A Shall we go shopping?
B 난 옷 살 돈이 없어.

A So what are you going to do?
B 마이크한테 돈 좀 빌려 달라고 하려고.

A I tried to borrow from Mike, but he said no.
B 난 오늘 아침에 부탁했는데 빌려 준다던데.

A Are you sure?
B 응, 나한테는 빌려 준다고 약속했어.

대화를 통한 학습이야말로 실전에 대비한 최고의 영어공부!

열정만큼 당신의 영어 실력이 늘 것입니다.

- A 어제 에이미가 너 보러 왔었니?
- B No, but Jenny came to see me.

- A 그녀가 무도회에 가자고 너한테 물었니?
- B No, she just came to have dinner with me.

- A 토니가 무도회에 나랑 가면 좋겠어.
- B Really? I don't care. I am going with Jane anyway.

- A 너 뭐 입을 거니?
- B I have nothing to wear.

- A 너희 아버지 것은 어때?
- B His suits are too big to wear.

- A 우리 쇼핑 갈래?
- B I don't have any money to buy clothes.

- A 그럼 어떻게 할 거니?
- B I am going to ask Mike to lend me some money.

- A 나도 마이크한테 빌리려고 했는데 걔가 안 된다고 하더라.
- B I asked him today and he said yes.

- A 정말?
- B Yes, he promised to lend me some money.

물이 끓어 수증기로 변할 때 열, 즉 에너지가 필요하듯 영어 잘 못하는 촌놈이 세련된 뉴요커가 되려면 에너지, 즉 열정이 필요합니다.

왜 빨간불은 빨간불인가?

여러분은 빨간 신호에 건널목을 건너십니까? 아니면 초록 신호에 건너십니까?
무법자가 아니라면 초록 신호에 건너가실 것입니다.
그럼 여기서 질문 드리겠습니다.
"왜 하필 초록 신호에 건너가십니까?"
"대체 누가 그렇게 하라고 했습니까?"
"그럼 초록불에 건너가는 것이 논리적입니까?"
이런 문제에 대해 생각해 보신 적 있으신가요?
초록신호에 건너는 이유는 정해진 약속, 즉 규율이기 때문입니다.
누가 그렇게 하라고 했는지, 왜 하필 초록색인지 우리는 묻지 않습니다.
그런데 유독 우리는 영어공부 할 때면
"대체 왜 미래형은 will이야?"라고 하는 등 아무 쓸 데 없는 궁금증을 갖게 됩니다.
제가 여기서 시원한 답을 드리겠습니다.
"영어는 영어를 만든 사람 마음대로 만들어졌습니다."
더 이상 왜 미래형은 하필 will인지 또 수동태는 왜 이런 모양인지 궁금해 하지 마세요. 자꾸 반복해서 말하다 보면 우리가 신호등을 자꾸 건너면서 자연스레 익숙해졌듯 영어도 그렇게 익숙해질 것입니다.

영어는 영어 만든 사람 마음대로 만들어졌다.
논리적으로 이해하려 하지 말고 익숙해질 때까지 말해 보자.

DAY-8 일차

벌써 There is/are, 비인칭주어, 수동태 그리고 to부정사까지 정말 다양한 형태를 가지고 대화해 보았습니다. 어떠세요? 생각보다 힘들진 않나요? 하지만 힘내세요. 원래 외국어를 배운다는 것은 결코 쉽지 않습니다. 중요한 건 힘들더라도 **열심히 몰입하다 보면** 자신도 모르게 그분을 만나게(?) 된다는 것입니다. 여기서 그분을 만난다는 것은 다름 아니라 **영어의 감을 잡고 실력이 향상되는 것이 몸소 느껴진다**는 것입니다. 세상에 이것보다 기분 좋은 일이 있을까요? 자! 그럼 오늘도 신나게 섞어 말해 보도록 하겠습니다.

열심히 말하되, 너무 진지한 것보다는
즐겁게 웃으며 하는 건 어떨까요?

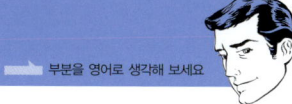

A Jay, How much is your new car?
B 비밀이야. 하지만 5만 달러를 넘지는 않아.

A Fifty thousand dollars? That's expensive. Is there navigation in it?
B 응. 독일제야.

A I am surprised. German navigation is the best.
B 오디오는 영국제야.

A Really? What else?
B 음. 타이어는 이탈리아에서 만든 거야.

A Did you come to my house just to show off?*
B 아니. 너랑 드라이브 하려고 왔지.

show off
= 자랑하다

A I am sorry, but I was asked to babysit* my younger sister.
B 집에 다른 사람은 없어?

babysit
= (아이를) 돌보다

A No, just me and my sister.
B 그거 참 안됐다. 너랑 드라이브 하고 싶었는데.

A How about tomorrow?
B 나 내일은 안 돼. 삼촌댁 방문하기로 삼촌이랑 약속했거든.

A Can I come with you?
B 물론. 몇 시에 갈까?

기억하세요! 수영을 해보는 것만이 수영 정복의 지름길이듯 영어 정복의 지름길은 영어로 말하기입니다.

Come on, relax!

아직도 원어민의 질문을 들으면 긴장되시나요?

부분을 영어로 생각해 보세요

A 제이! 네 새 차 얼마니?
B It's a secret, but it's not over 50 thousand dollars.

A 5만 달러라고? 그거 비싸네. 내비게이션은 들어 있니?
B Yes. It's made in Germany.

A 놀랍다. 독일 내비게이션이 최곤데.
B The stereo is made in England.

A 정말? 뭐 또 다른 건 없니?
B Well... the tires are made in Italy.

A 우리 집에 그냥 자랑하러 왔니?
B No. I came to go for a drive with you.

A 미안해. 그런데 여동생 돌보라고 부탁 받았어.
B Is there anyone else home?

A 아니. 나랑 여동생뿐이야.
B That's too bad. I wanted to go for a drive with you.

A 내일은 어때?
B I can't tomorrow. I promised my uncle I'd visit him.

A 내가 너랑 같이 가도 돼?
B Sure. What time shall we go?

이상하게도 말하도록 시키는 회화책을 찾아보기가 참 힘듭니다. 말하게 시키는 회화책 〈3030 English〉를 만나신 여러분은 행운아입니다. ^^

DAY-8 연극대사라 생각하고 과도한 **바디랭귀지**를 사용하며 **감정**을 넣어 말해 보세요.

▶ 부분을 영어로 생각해 보세요

A Why did you come to school?
B 오라고 해서 왔지.

A Who asked you to come?
B 존스 선생님이 오라고 하셨어.

A He told me to come, too.
B 여기 다른 사람들은 없니?

A There are hundreds of students in the gym.
B 걱정된다.

A What's the date today?
B 12월 21일이야.

A I see. I think it's his birthday today.
B 그래서 우리가 그의 생일을 축하하러 왔다고?

A I guess, since he has no family.
B 존스 선생님이 자기 생일을 축하하려고 학급 전체를 불렀다고?

A I am not sure, but he is crazy enough to do that.
B 만약 그렇다면 그분은 제정신이 아닌 거야.

A Let's just wait and see.
B 봐! 저기 존스 선생님이다.

혹시 어렵다면 같은 부분을 5, 6번 반복해서 듣고 따라해 보세요! 분명 쉽게 느껴질 것입니다. 어려운 문장을 쉽게 만드는 방법은 딱 하나, 반복해서 듣고 따라 말하기입니다.

DAY-8 기억하세요! **말하기** 외에는 말하는 법을 배울 방법이 없습니다

부분을 영어로 생각해 보세요

A 너 학교엔 왜 왔니?
B I was asked to come.

A 누가 오라고 했는데?
B Mr. Jones told me to come.

A 나한테도 오라고 하셨는데.
B Is there anyone else here?

A 체육관에 수백명 있어.
B I am worried.

A 오늘이 며칠이지?
B It's the twenty-first of December.

A 알겠다. 내 생각에 오늘이 그의 생일인 것 같아.
B So we came to celebrate* his birthday?

celebrate = 축하하다

A 그런 것 같은데. 그분은 가족이 없잖아.
B So Mr. Jones called the whole class to celebrate his birthday?

A 잘 모르겠지만, 그 정신상태라면 충분히 그럴 수 있어.
B If so, he is insane.*

insane = 제정신이 아닌

A 그냥 기다려 보자.
B Look! There is Mr. Jones.

8년간 연구한 결과, 듣고 따라 말하기보다 좋은 영어학습 방법이 없다는 것을 발견했습니다.

아무리 어려운 문장이라도!

하루는 학원에서 임상실험(?)을 해본 적이 있습니다.

수강생 모두가 어려워하는 긴 문장을 10분간 반복해서 말하게 했죠. 물론 각자가 억양이나 감정 이입에 신경 쓰며 열정적으로 10분간 한 문장만 반복하게 했습니다. 반복 전에 말한 것과 10분 반복 후 말한 것을 녹음하였는데 놀랍게도 반복 전은 완전 콩글리쉬 수준으로 들렸다면 10분 반복 후에는 거의 원어민 수준이었지요.

그리고 반복해서 말한 수강생들도 하나같이 이제는 그 문장을 말할 때 자신감이 생겼다고 했습니다.

이게 어찌된 일일까요? 특별히 무엇을 가르쳐 준 것도 아닌데, 그저 본인들이 한 문장을 갖고 10분간 말해 보며 씨름한 것밖에 없는데 어쩜 이렇게 큰 변화가 있을 수 있었을까요?

그렇습니다. 아무리 어려운 문장도 반복해서 말하다 보면 입에 익게 되고 그러다 보면 쉽게 느껴지게 마련입니다.

영어학습법을 참 많이 연구해 보았는데 아직까지도 최고의 방법은 테이프를 듣고 여러 번 반복해서 말해 보기라고 단언합니다.

이보다 영어를 빨리 마스터하는 방법은 아직 개발되지 않았습니다.

장담컨데, 듣고 직접 말해 보는 것보다 더 좋은 방법은 없다.

DAY-9 일차

점점 감이 잡히시나요? 영어로 말하기는 감을 잡으면 길이 보입니다.
자! 오늘은 동사에 -ing를 붙여서 명사처럼 사용하는 동명사를 말해 보도록 하겠습니다. 일상대화에서 아주 유용하게 사용되는 형태이기에 꼭 마스터하고 넘어가셔야 합니다.
예를 들어 "나의 꿈은 축구선수가 되는것이다."를 영어로 말하려면 My dream is becoming a soccer player. 즉, 동사 뒤에 -ing를 붙여서 "~하는 것"이라는 뜻을 나타내는 것입니다.
그럼 지겨운 설명은 뒤로 하고 바로 말해 볼까요?
공부는 그만, 영어로 말하라! Stop studying English, just speak it!

동명사 역시 문법적으로 알고는 있었지만 언제 어떻게 사용하는지 잘 모르셨죠?

▶ 부분을 영어로 생각해 보세요

- A Hi, Jay. You look great today.
- B 제 파티에 와 주셔서 감사합니다.

- A You know I like drinking and dancing.
- B 너무 많이 마시는 것은 몸에 좋지 않죠.

- A Stop worrying!
- B 책 쓰시는 건 끝나셨나요?

- A No, not yet. I am still working on it.
- B 저도 책 출판하는 데 관심이 있습니다.

- A A novel?* (novel = 소설)
- B 아뇨. 영어교재를 하나 쓸까 생각 중입니다.

- A Have you decided on the title?
- B 예. 〈3030 잉글리시〉입니다.

- A 3030 English? What does that mean?
- B 매일 30분씩 30일 공부하라는 뜻입니다.

- A You are good at naming books.
- B 제 생각에도 전 책 제목 짓는 데 소질이 있는 것 같아요.

- A Do you mind naming my book?
- B 물론이죠. 이름 짓는 건 너무 재미있어요.

영어를 언제 어떻게 쓸지 모른다고 걱정 마세요! 지금 대화 속에서 배우고 계시니까요.

9일차 **63**

정말 **다양하게** 사용되는 동명사!
절대 소홀히 해서는 안 되겠습니다.

부분을 영어로 생각해 보세요

- A 안녕 제이! 오늘 멋져 보이는군.
- B Thank you for coming to my party.

- A 알다시피 내가 음주와 춤추는 걸 좋아하잖아.
- B Drinking too much is not good for your health.

- A 걱정 그만해!
- B Have you finished writing the book?

- A 아니, 아직. 아직도 작업중이야.
- B I am interested in publishing* a book, too.

publish = 출판하다

- A 소설?
- B No. I am thinking of writing an ESL* book.

ESL = English as a second language(외국어로써의 영어)

- A 제목은 정했나?
- B Yes. It's *3030 English*.

- A 3030 잉글리시? 무슨 뜻이지?
- B It means "study 30 minutes every day for 30 days".

- A 책 이름 짓는 데 소질이 있구만.
- B I also think I am talented in* naming books.

be talented in = ~에 재능이 있다

- A 내 책 제목 지어 주는 건 어때?
- B Sure. Naming books is a lot of fun.

서약서 기억하시죠? 전력투구하는 마음으로 최선을 다해야만 좋은 결과를 얻을 수 있습니다.

DAY-9

벌써 9일차까지 왔습니다.
기회가 되면 **외국인과의 대화**도 시도해 보세요!

부분을 영어로 생각해 보세요

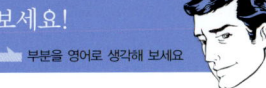

A Do you think smoking is good?
B 아니. 한번도 흡연이 좋다고 생각해 본 적 없는데.

A Then why don't you quit smoking?
B 나 노력중이야.

A How about just quitting today?
B 내 유일한 취미가 흡연이야.

A The world is changing. No one likes a smoker.
B 너 같은 친구가 있는 게 자랑스럽다.

A What do you mean?
B 넌 나에게 충고하길 멈추지 않잖아.

A I just enjoy giving advice to other people.
B 어쨌든 말해 줘서 고마워.

A You know how harmful* cigarettes are.
B 물론. 나도 시작한 거 후회해.

> harmful
> = 해로운

A Stop regretting and just quit!
B 올 연말까지 끊을게.

A Alright. How about going for a drink?
B 넌 정말로 음주가 좋다고 생각하니?

단어나 표현을 모르겠으면 바디랭귀지를 사용해 보세요! 몇 마디 말보다 훨씬 빠르게 의사를 전달할 수 있습니다.

오버해서 하루에 2, 3일치씩 하지 말고 하루에 하루치만
확실히 반복해서 마스터하고 넘어가도 충분합니다.

부분을 영어로 생각해 보세요

- A 흡연이 좋다고 생각하니?
- B No. I've never thought smoking was good.

- A 그럼 왜 안 끊니?
- B I am trying.

- A 그냥 오늘 끊는 건 어때?
- B My only hobby is smoking.

- A 세상은 변하고 있어. 아무도 흡연자를 좋아하지 않아.
- B I am proud of having a friend like you.

- A 무슨 뜻이야?
- B You never stop giving me advice.

- A 난 단지 다른 사람들에게 충고하는 걸 즐길 뿐이야.
- B Anyway, thank you for telling me.

- A 너도 담배가 얼마나 해로운지 알잖아.
- B Sure. I regret* starting it.

  regret = 후회하다

- A 그만 후회하고 그냥 끊어!
- B I will quit by the end of this year.

- A 알았어. 한잔 하러 가는 게 어때?
- B Do you really think drinking is good?

아무리 재미있어도 하루에 하루치 이상 나가는 건 무리입니다. 더 공부하고 싶으신 분들은 같은 일차를 계속 반복해서 듣고 말하세요!

영어 듣기가 너무 힘들어요!

학원을 직접 운영하면서 어떻게 하면 수강생들의 듣기 능력을 향상시킬까, 여러 면으로 고민해 보았습니다. 그런데 수년간 연구한 결과, 너무나 단순한 결론에 도달하게 되었죠. 그건 바로 많이 들어 보는 것입니다.

수준에 맞는 본문을 그냥 쭉 듣다 보면 자연히 듣기 능력이 좋아집니다.
한 예로 제가 특정 그룹에게 중1 듣기 문제집을 풀게 한 적이 있습니다.
처음에는 그렇게 힘들다고 하더니 문제집 한 권을 다 풀 때 쯤 되니 더 이상 어렵지 않다고 하더군요. 특별한 설명을 해 준 것도 아니고 각자 그냥 들으면서 풀기만 했는데도 듣기 실력이 향상된 것이었습니다.
그래서 중1부터 고1 수준 듣기까지 쭉 듣고 풀게 했던 기억이 납니다.
영어는 체험학습이기 때문에 직접 들어 보는 사람을 이길 방법이 없습니다.
만약에 영어 듣기로 고생하시고 계시다면 제가 김영욱 선생님과 함께 쓴
〈1분 리스닝〉으로 제1단계 중학교 듣기부터 제4단계 뉴스 듣기까지
쭉 한번 들어 보세요.
너무나 신기한 건 그냥 쭉 들으며 문제만 풀어도 듣기실력이 향상된다는 것입니다.

많이 들으면 잘 들린다. 많이 듣는 것보다 더 좋은 방법은 없다.

DAY-10 일차

이제 동명사가 언제 어떻게 쓰이는지 감이 잡히시나요? 그렇습니다. 영어를 아무리 공부해도 어떤 상황에서 어떻게 말해야 하는지 모른다면 도저히 쓸 수가 없습니다. 그리고 아무렇게나 사용하면 대화의 흐름을 끊고 분위기를 순식간에 썰렁하게 만들 수 있음을 명심하세요. 그래서 우리는 이렇게 **대화를 통해 영어로 말하기**를 공부하는 것입니다. 자 그럼, 오늘도 역시 섞어 말하기 시간입니다.

각 형태들이 대화 속에서 어떻게 공존하는지 눈치 채 보세요.

DAY-10

벌써 10일차까지 왔습니다. 놀랍지 않습니까?
남은 20일 분량도 지금처럼 열심히 하시면 문제없습니다.

부분을 영어로 생각해 보세요

A Excuse me, sir. Is there a hotel around here?
B 아니요. 근데 시내에는 하나 있어요.

A How far is it to downtown*? (downtown = 시내)
B 대략 버스로 15분 정도예요.

A Isn't it faster to take a cab?
B 물론이죠. 하지만 여기 주변에는 택시가 많지 않아요.

A How much is the bus fare*? (fare = 요금)
B 5달러 30센트예요.

A I will walk. I don't have any change to take a bus.
B 걸어서 가기엔 너무 멀어요.

A Where can I break a 100 dollar bill?
B 저 주유소 안에 편의점이 있어요.

A That's brilliant. Do you mind driving me to the gas station?* (gas station = 주유소)
B 물론이죠. 타세요.

A Are you from this town?
B 아니요. 삼촌 방문하러 왔어요.

A Anyway, thank you for driving me.
B 호텔 찾는 데 행운을 빌어요.

힘들어도 포기하지 마세요! 서약까지 했잖아요. ^^

영어를 잘하기 위해선 **자신감** 있는 몸짓과 목소리는 기본입니다.

부분을 영어로 생각해 보세요

A 실례합니다, 선생님. 여기 주변에 호텔 있나요?
B No, but there is one downtown.

A 시내까지 거리가 얼마나 되나요?
B It's about 15 minutes by bus.

A 택시 타는 게 더 빠르지 않나요?
B Of course, but there aren't many cabs around here.

A 버스는 얼만가요?
B It's 5 dollars 30 cents.

A 걸을래요. 버스 탈 잔돈이 없어요.
B It's too far to walk.

A 어디서 100달러짜리 지폐를 잔돈으로 바꿀 수 있을까요?
B There is a convenience store* in that gas station.

convenience store = 편의점

A 그거 잘됐군요. 저를 그 주유소까지 태워 주실 순 없나요?
B Of course not. Hop in.

A 이 동네 출신인가요?
B No, I came to visit my uncle.

A 어쨌든 데려다 줘서 고마워요.
B Good luck finding the hotel.

실제 대화도 정말 이렇게 간단하고 쉽다는 것을 잊지 마세요! 감만 익히면 지금 알고 있는 문법과 단어만으로도 충분합니다.

DAY-10

미국 시트콤 대사들을 한번 주의 깊게 들어 보세요!

부분을 영어로 생각해 보세요

A Jay! Help me with my homework.
B 그만 귀찮게 해. 나에게 도움을 청하는 사람이 너무 많아.

A You promised to help me.
B 아마 내가 강요당한 거겠지.

A No, I bought you drinks the other night.
B 내가 취했었나 보다.

A Maybe. You even danced with fat Jane.
B 나 안 췄어.

A Ray and Chris were there. Do you want to call and ask?
B 그만두자. 그냥 네 숙제나 도와줄게.

A It's not easy writing an essay for the literature* class.
literature = 문학
B 그래서? 지금 나한테 써달라는 거야?

A Not really. Just help me write it.
B 내가 어떻게 쓰는 걸 도와줄 수 있지?

A You can proofread* once I finish writing.
proofread = 교정보다
B 내가 보상을 받게 되나?

A Sure. I will ask fat Jane to come and dance with you.
B 입 다물어! 그녀에 대해서 그만 좀 말해라.

매우 쉬운 단어들의 조합으로 다양한 표현을 하고 있지 않나요?

영어에 **감이 잡히면** 원어민의 의중을 알 수 있습니다.

부분을 영어로 생각해 보세요

- **A** 제이! 내 숙제 도와줘.
- **B** Stop bugging me. There are too many people asking me for help.

- **A** 날 도와주기로 약속했잖아.
- **B** Maybe I was forced.

- **A** 아니. 내가 지난밤에 술 사줬잖아.
- **B** I must have been drunk.

- **A** 아마도. 넌 그 뚱보 제인과 춤도 췄잖아.
- **B** No, I didn't.

- **A** 거기 레이하고 크리스도 있었는데. 전화해서 물어 볼래?
- **B** Forget about it. Let me just help you with your homework.

- **A** 문학수업 에세이 쓰는 게 쉽지가 않아서 말이야.
- **B** So? Are you asking me to write?

- **A** 그런 건 아니고. 쓰는 것만 도와줘.
- **B** How can I help you write it?

- **A** 내가 다 쓰면 네가 교정봐 줄 수 있지.
- **B** Will I be rewarded* for this?   *reward = 보상하다*

- **A** 물론, 내가 그 뚱보 제인한테 와서 너하고 춤춰 달라고 부탁할게.
- **B** Shut up! Stop talking about her.

대화에선 상대의 의중을 읽는 것이 매우 중요합니다. 그러기 위해서는 그 사람의 마음을 읽으려고 노력해 보세요.

공개합니다! 김지완의 영어비법 1

유학 초기에 웨일즈의 산 깊은 곳에 있는 랭귀지 스쿨에 2달간 머문 적이 있었습니다. 그곳에 도착해서 보니 학생이라고는 딱 저 한 명뿐이었죠. 매우 황당하고 외로웠습니다.

거기다 도저히 심심해서 안 되겠더군요. 그래서 혼자 시청각실에 가서 비디오들을 하나씩 골라 보기 시작했습니다. 물론 자막이 없었기에 영어로 들어야 했지만 그 당시는 유학간 지 채 1달도 안 된 시점이었기에 그냥 그림만 보고 대충 내용을 짐작하는 게 전부였습니다. 그렇게 하루에 비디오를 4-5개씩 봤습니다. 1달쯤 되었을까 비디오 내용을 너무나 정확히 파악하고 있는 제 자신을 알아차리곤 깜짝 놀라게 되었습니다. 이게 무슨 일인가? 난 특별히 공부한 것도 없고 그냥 너무 심심한 나머지 재미삼아 비디오를 본 게 전부였는데. 이렇게 비디오 내용을 잘 이해하게 되다 보니 습관처럼 2달 동안 비디오를 4-5개씩 보았고 그렇게 2달이 지난 시점엔 영어가 한국말처럼 들리는 것이었습니다. 이건 저만의 독특한 경험이 아닙니다. 주위에도 자기가 좋아하는 미국 시트콤을 계속 자막 없이 보다가 영어 귀가 뚫렸다는 분들이 참 많습니다. 여러분 이게 바로 제가 영어 듣기를 뚫은 비결입니다. 어떠세요? 한번 해보시겠습니까? 영어 비디오 자막 없이 하루에 한 편씩 꾸준히 보세요.

얼마나 쉽게 영어 귀가 뚫리는지 놀라실 겁니다.

특별히 공부하지 않아도 많이 듣다 보면 영어의 귀는 저절로 뚫린다.

DAY-11 일차

실제로 영어를 말하다 보면 들은 얘기를 다시 제3자에게 전해야 하는 경우가 비일비재합니다. "누가 뭐라고 했어요"라는 식의 말인데 이럴 때 간접화법과 직접화법을 쓰면 매우 쉽고 간단하게 말할 수 있습니다.
그래서 오늘은 **남의 얘기를 다시 제3자에게 전달하는 화법 연습**을 해보도록 하겠습니다. 중요한 건 항상 실제로 대화한다는 생각으로 말해야 한다는 것입니다.
그럼 우리 모두 파이팅!

 **DAY-11**

남의 **말을 전달하는 것**은 대화의 기본입니다.
놀랍게도 대화마다 한두 번은 남의 말을 전하는 상황이 꼭 나옵니다.

▶ 부분을 영어로 생각해 보세요

A When did he say he was coming?
B 그가 3시까지 올 거라고 하던데요.

A Really? His dad told me he would be here by noon.
B 잘 모르겠어요.

A What shall we cook for dinner?
B 파스타는 어때요? 그가 파스타 좋아한다고 하더라고요.

A Did he? His dad told me he likes curry.
  curry = 카레
B 그거 이상하네요. 어제 전화 통화했는데.

A What did he say exactly?
B 그가 말하길 "나는 이탈리아 음식이 제일 좋아. 특히 파스타"라고 했어요.

A That's what he said?
B 그게 제가 들은 건데요.

A Did he say anything else?
B 제가 몇 살인지도 물었어요.

A So did you tell him your age?
B 예, 스무 살이라고 했어요.

A You are 28. Why did you lie?
B 저희 아버진 말씀하시곤 하셨죠, "항상 네 나이를 속여라."

지금쯤이면 듣고 말하는 영어대화가 익숙해질 때도 되었는데 어떠세요? 좀 익숙하신가요?

몸짱이 되려면 얼마나 노력이 필요한지 잘 아시죠?
그럼 **영어짱**이 되려면 어떨까요?

부분을 영어로 생각해 보세요

A 그가 언제 온다고 그러든?
B He said he would be here by 3 p.m.

A 그래? 걔 아버지는 정오까지는 올 거라고 하던데.
B I don't know.

A 저녁으로 뭘 요리할까?
B How about pasta? He told me he likes pasta.

A 걔가 그랬니? 걔 아버지는 걔가 카레 좋아한다던데.
B That's strange. We talked on the phone yesterday.

A 그가 정확히 뭐랬니?
B He said "I like Italian food the best, especially pasta."

A 걔가 그렇게 말했니?
B That's what I heard.

A 다른 말은 없었니?
B He also asked how old I was.

A 그래서 네 나이를 말했니?
B Yes. I told him I was 20.

A 너 스물여덟이잖아. 왜 거짓말했니?
B My dad used to say "Always lie about your age."

노력 없이 얻을 수 있는 것은 아무것도 없습니다. 영어도 마찬가지입니다. 영어짱이 되려면 피나는 노력이 필요합니다.

영어를 열심히 하는 방법은 **딱 하나**입니다.
바로 많이 듣고 말하기입니다.

- **A** Why are you crying, Amy?
- **B** 내 남자친구가 내가 너무 뚱뚱하대.

- **A** Did he actually say that?
- **B** 응. 또 나에게 헤어지고 싶다고 했어.

- **A** So what did you say to him?
- **B** 난 여전히 그를 사랑한다고 말했지.

- **A** Then what did he say?
- **B** 그가 말하길, "난 너무 잘생겼고 넌 너무 못생겼어."라고 했어.

- **A** He is mean.
- **B** 그게 전부가 아냐. 그는 이미 새 여자친구가 있다고 말했어.

- **A** He is bad. Forget him.
- **B** 그가 어떻게 나에게 이럴 수 있지? 지난주에는 내가 세상에서 제일 예쁜 여자라 하더니.

- **A** All men are liars.
- **B** 알잖아. 그가 나한테 청혼까지 했던 거.

- **A** Of course I do, but it doesn't make any difference.
- **B** 난 그를 기다릴 거야.

- **A** It's a waste of time. Get a new boyfriend.
- **B** 아니야. 그는 날 사랑한다고 말했어.

많이 듣고 말하기를 강조하는 이유는 정말 이것만이 영어학습을 위한 최선의 방법이기 때문입니다.

이쯤 왔으면 슬슬 입이 **간질간질** 해야 합니다.

부분을 영어로 생각해 보세요

A 에이미, 왜 우니?
B My boyfriend said I was too fat.

A 정말로 그렇게 말했니?
B Yes, and he also told me he wanted to break up.

A 그래서 넌 뭐라고 했니?
B I told him I still loved him.

A 그러니까 뭐래?
B He said "I am too handsome and you are too ugly."

A 그 사람 못됐다.
B That's not even it. He told me he already had a new girlfriend.

A 못됐다. 그 사람 잊어 버려라.
B How can he do this to me? Last week he told me I was the most beautiful girl in the world.

A 남자는 다 거짓말쟁이야.
B You know, he even asked me to marry him.

A 물론 알지. 하지만 달라질 게 없잖아.
B I will wait for him.

A 시간 낭비야. 새 남자친구를 사귀어.
B No, he said he loved me!

원어민과 직접 대화하고 싶은 충동이 일지 않으시나요? 충동이 생기시는 분들은 실천하세요!
외국인과 직접 만나 이야기하세요!

감사합니다! 인터넷 덕분입니다!

저희 학원에서는 〈3030 English〉를 착실히 학습하신 분들에게 제가 꼭 권하는 것이 있습니다. 그건 바로 인터넷 동호회 가입입니다. 인터넷 포털사이트들을 돌며 검색해 보면 잘 아시겠지만 사이트마다 외국인 친구 사귀기가 목적인 클럽이나 모임들이 참 많습니다. 많게는 회원수가 만 명이 훌쩍 넘는 클럽들이 있을 정도로 요즘 엄청난 인기를 끌고 있는 것이 사실입니다. 그런 클럽에 가입해 직접 정모도 참석하고 또 자연스럽게 외국인 친구와 사귀어 영어로 떠들다 보면 영어가 쑥쑥 느는 경험을 하실 수 있을 것입니다. 요즘에는 영어 스터디 모임들도 참 잘 되어 있습니다. 이런 모임에 나가서 정보도 공유하고 같이 영어로 토론 하다 보면 영어가 자연히 늘 수밖에 없습니다. 이런 노력도 없이 가만히 앉아서 영어가 늘 수 있다는 막연한 추상적인 생각은 이제 버리셔야 합니다. 영어를 잘하려면 직접 외국인과 대화를 해봐야 한다는 사실, 꼭 잊지 마시고 지금 바로 시작하세요!

외국인들과 자꾸 만나서 대화하다 보면 영어가 저절로 터진다.

DAY-12 일차

어제 하루, 간접화법과 직접화법을 이용하여 재미있게 말해 보셨나요?
영어로 대화하다 보면 남의 말을 전하는 경우가 정말 많죠.
이젠 이런 상황에 부딪혀도 아무 어려움 없겠죠?
이렇게 실전 대화에서 많이 쓰이고 유용한 것들을 계속해서 대화를 통해
배워 보도록 하겠습니다.

오늘도 다시 찾아온 **쉽어 말하기 시간**입니다.
지금까지 말해 본 것들을 염두에 두고
자신 있게 말해 보세요.
지칠 때까지 끊임없이 말하세요!

와! 이렇게 성실하게 약속대로 따라오시는 독자여러분,
자랑스럽고 감사합니다!

- A Where is the bank?
- B 우리 엄마가 여기 어디쯤이라고 했는데.

- A I am calling Simon.
- B 왜? 전화해서 물어 보려고?

- A No, I am going to ask him to come.
- B 그가 뭐래?

- A He said he is too busy to come.
- B 우리 이제 어쩌지?

- A He said there wasn't a bank around here.
- B 정말? 우리 엄마는 이 근처에 있다고 하셨는데.

- A Stop talking about your mom.
- B 왜 안 돼? 엄마는 여기 사셨거든.

- A So what? That's more than 20 years ago.
- B 지금 몇 시야?

- A It's two o'clock. Why?
- B 엄마한테 전화해서 물어 보려고.

- A I told you to stop talking about your mom.
- B 우리 엄마가 "항상 엄마에게 물어 봐"라고 말씀하셨어.

영어가 항상 재미있지만은 않죠? 하지만 30일차까지만 저를 믿고 최선을 다해 주세요.

MP3를 들으며 따라오고 계신가요?
그냥 책만 보고 학습하면 효과가 반밖에 안 된다는 걸 기억하세요!

부분을 영어로 생각해 보세요

A 은행이 어디지?
B My mom told me it was around here.

A 사이먼한테 전화할게.
B Why? Are you going to call him and ask?

A 아니. 오라고 하려고.
B What did he say?

A 너무 바빠서 오기는 힘들대.
B What are we going to do now?

A 그가 말하길 여기 주변에는 은행이 없대.
B Really? My mom said it was around here.

A 엄마 얘기 좀 그만해라.
B Why not? My mom used to live here.

A 그래서 어쩌라고? 그건 20년도 전이잖아.
B What time is it now?

A 두 시야. 왜?
B Because I am calling her to ask.

A 내가 엄마 얘기 그만하라고 했잖아.
B My mom said "Always ask your mom."

말하기를 꾸준히 하고 계신 여러분의 영어실력은 늘 수밖에 없습니다.

DAY-12

항상 자신 있고 **크게 말하는 것**, 잊지 마세요!

부분을 영어로 생각해 보세요

- A Did she say she didn't do her homework?
- B 네. 술 마시느라 너무 바빴대요.
- A What? She is underage.*   underage = 미성년자인
- B 그녀는 집에서 종종 술을 마셔요.

- A Are there any adults in her house?
- B 없어요.

- A Does she live alone?
- B 아니요. 마이크와 함께 살아요.

- A Are you sure?
- B 네. 그녀는 마이크와 결혼했어요.

- A When was her wedding?
- B 지난주 월요일이요.

- A Why wasn't I invited?
- B 그들의 가족들만 초대받았어요.

- A Were you invited?
- B 그녀가 저더러 오라고 했는데 안 갔어요.

- A Why not?
- B 왜냐면 그녀가 저한테 비싼 선물을 가지고 오라고 했거든요.

학원에서 보면 크게 말하라고 해도 작게만 말하는 수강생 분들이 있습니다. 혹시 여러분도 작게 말하고 계신 것 아니시죠?

원어민처럼 발음하고 싶다고요?

A 그녀가 숙제 안 했다고 하던?
B Yes, she said she was too busy drinking.

A 뭐라고? 그녀는 미성년자잖아.
B She often drinks at home.

A 그녀의 집에는 어른들이 없나?
B No.

A 혼자 사니?
B No. She lives with Mike.

A 확실해?
B Yes. She is married to Mike.

A 그녀의 결혼식이 언제였니?
B It was last Monday.

A 난 왜 초대받지 못했지?
B Only their families were invited.

A 넌 초대받았니?
B She asked me to come, but I didn't go.

A 왜 안 갔어?
B Because she told me to bring an expensive gift.

원어민처럼 말하려면 상당한 노력이 필요한데, 준비 되셨나요? 그럼 지난번에 알려 드렸던 대로 성대모사를 꾸준히 하셔야 합니다.

흐름을 파악하는 영어

영어로 듣거나 말하기를 할 때 대부분의 영어학습자들이 단어를 들으려고 열심인 모습을 보게 됩니다. 하지만 언어는 흐름을 파악하는 것이 중요합니다. 모국어인 한국어로 뉴스를 들으며 자신을 잘 관찰해 보세요.
과연 단어에 연연하며 듣는지, 아니면 그냥 흐름을 파악하는지를…
그렇습니다.
영어를 언어로 받아들이려면 대화 중 흐름을 파악하는 연습을 많이 해보아야 합니다. 흐름을 파악하기 위해선 물론 단어도 좀 알아야 하겠죠. 하지만 단어를 모르는 경우라도, 대화의 흐름을 따라가면 전체적인 내용을 파악할 수 있게 됩니다.
영어권에서 중, 고등학교 그리고 대학교를 다닌 저도 원어민과 대화하다 보면 모르는 단어가 종종 나오기도 합니다. 하지만 대화의 흐름상 단어의 뜻을 쉽게 짐작할 수 있습니다. 물론 그 짐작은 대부분 맞습니다.
영어초보의 경우, 흐름을 파악하기 위해선 상상력이 필요합니다.
대화하면서 상대방이 무슨 말을 하는지 상상하는 훈련 말입니다.
이 훈련이 영어를 언어로 받아들이는 가장 빠른 방법입니다.

 눈치가 빠르면 영어를 빨리 배운다.

DAY-13 일차

하루하루 늘어가는 본인의 영어실력이 느껴지시나요?
"이런 책이 있다면 영어공부를 쉽게 할 수 있을 텐데."
뭐 이런 생각 다들 하시리라 생각합니다. ^^
오늘은 이렇게 **"~하면 …할텐데"**라는 형태를
대화 속에서 직접 말해 보도록 하겠습니다.
이런 걸 '가정법 과거'라고 하는데, 항상 말씀드리듯이 용어를 아는 것보다는 **직접 말해 봐서 자신의 것을 만드는 것**이
훨씬 중요합니다. 자, 그럼 신나게 말해 볼까요?

 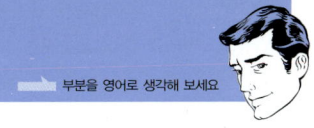

사실이 아닌 것을 가정해 보는 가정법!

A I have a stomachache.
B 내가 너라면 병원에 갈 텐데.

A If I had a car, I would go.
B 택시 타지 그러니?

A I don't have any money. Can you lend me some?
B 내가 돈이 있다면 빌려줄 텐데.

A I feel really sick.
B 우리가 병원 가까이에 살았더라면 걸어서 갈 수 있을 텐데.

A Does Jack have a car?
B 응. 그리고 그가 집에 있으면 데려다 줄 텐데.

A Where is he?
B 모르겠어. 알고 있다면 전화할 텐데.

A Can you call an ambulance?
B 내가 병원 전화번호를 알면 전화를 걸 텐데.

A Are you stupid? It's 911.
B 왜 네가 직접하지 않니?

A If I could, I would.
B 알았어. 내가 불러 줄게.

가정법 과거 공식 〈If + 주어 + were(일반동사는 과거형) + ~, 주어 + would(could) + 동사원형 ~〉

DAY-13

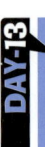

공식을 외우려고 하지 말고 자꾸 말해 봄으로써

입에 익도록 해보세요!

부분을 영어로 생각해 보세요

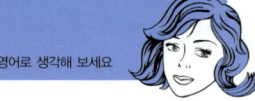

A 나 배가 아파.

B If I were you, I would go to the hospital.

A 내가 차가 있다면 갈 텐데.

B Why don't you take a cab?

A 돈이 없어. 빌려줄 수 있니?

B If I had money, I would lend you some.

A 나 정말 아프다.

B If we lived near the hospital, we could walk there.

A 잭은 차 있나?

B Yes, and if he were home, he would take you there.

A 어디 있는데?

B I don't know. If I knew, I would call.

A 구급차 불러 줄 수 있니?

B If I knew the hospital number, I would call.

A 너 바보니? 911이잖아.

B Why don't you do it yourself?

A 내가 할 수 있다면 하겠지.

B Okay. I will.

문법은 그냥 한 번 훑어보는 정도로 족합니다. 말은 안 해보고 문법만 외우려고 하면 영어로 평생 말할 수 없습니다.

DAY-13

영어로 말할 수 있다고 생각하는 긍정적인 마음만 있다면
결국 **꿈은 이루어집니다.**

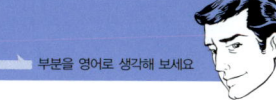
부분을 영어로 생각해 보세요

A What time is it, Jay?
B 내가 만일 시계가 있으면 얘기해 줄 텐데.

A If I were you, I would wear one.
B 난 시계가 없어. 그러는 너는?

A I lost mine.
B 새 걸 하나 사지 그러니?

A If I had more time, I would.
B 내가 너라면 온라인으로 살 텐데.

A Is it possible?
B 물론. 무엇이든 온라인으로 살 수 있어.

A But I am not very good with computers.
B 내가 너라면 배우겠다.

A If I could, I would.
B 왜 안 되는데?

A I told you, I don't have time.
B 내가 너라면 시간에 우선순위를 매기겠다.

A I am prioritizing* my time.

> prioritize = 우선순위를 매기다

B 네가 정말 네 시간에 우선순위를 매긴다면 배울 수 있을 텐데.

"이번에는 반드시 영어정복에 성공할 것이다!"

DAY-13

영어에 기가 눌려 살고 싶으신 분, 혹시 안 계시죠?
이번 기회에 **영어 요놈** 때려 눕혀 보자고요!

부분을 영어로 생각해 보세요

A 몇 시니, 제이?
B If I had a watch, I would tell you.

A 내가 너라면, 하나 차고 다니겠다.
B I don't have one. How about you?

A 난 잃어 버렸지.
B Why don't you buy a new one?

A 내게 시간이 더 있다면 살 텐데.
B If I were you, I would buy it online.

A 그게 가능해?
B Sure. You can buy everything online.

A 그런데 난 컴퓨터를 잘 못하잖아.
B If I were you, I would learn.

A 그럴 수 있음 그렇게 하지.
B Why not?

A 내가 말했잖아. 난 시간이 없어.
B If I were you, I would prioritize my time.

A 난 시간에 우선순위를 매기고 있는데.
B If you really prioritized your time, you could learn.

이렇게 공부하면 잘할 수 있을 텐데.^^

모두가 특목고에 간다고 합니다.

저희 학원에는 성인뿐만 아니라 초등학생, 중등생들도 꽤 많이 다니고 있습니다. 그런데 요즘 초중등 교육에는 참 이상한 현상이 있습니다. 그건 바로 모든 아이들의 목표가 특목고 입학이라는 것입니다. 물론 부모님들이 목표를 주입한 경우가 대부분이고요. 또 학원들은 하나같이 자기네가 특목고 학원이라고 홍보합니다.

여기서 묻고 싶습니다. 각 초등학교 한 학년이 500명 정도라고 했을 때 과연 그중 몇 명이나 특목고에 갈 수 있을까요? 글쎄, 잘은 몰라도 대부분의 경우 5명 미만일 것입니다. 그러면 특목고 가겠다고 학원에서 새벽까지 공부하는 나머지 495명은 대체 어떻게 되겠습니까?

고등학교도 가기 전에 495명은 낙오자가 되는 것입니다. 너도나도 특목고에 가겠다고 하는 풍토에 시달리다 보니 초등학교 5학년짜리 아이들에게도 원형탈모 현상이 나타난다고 합니다. 그도 그럴 것 같습니다. 영어나 과학에 뛰어난 아이들을 위해 세워진 특목고에 너도나도 가려 하니 얼마나 스트레스를 많이 받겠습니까? 이 말씀을 드리는 이유는 정말 우리나라 학부모님들이 자기만의 교육철학을 가지고 있어야 한다는 것을 강조하고 싶어서입니다. 물론 특목고에 맞는 아이라면 보내야겠지만 과연 지금처럼 너도나도 다 가겠다고 하는 이 현상이 정상일까요?

DAY-14일차

〈3030 English〉 1, 2탄을 본 독자들에게 1주일에 10통 이상의 감사메일을 받곤 합니다. 영어공부에 도움이 되었다고 하는 메일들인데, 사실 열심히 공부해서 실력이 향상된 독자들에게 제가 더 감사할 따름입니다. 여러분들도 책을 따라 열심히 말하면 분명 저자에게 감사메일을 보내게 될 것입니다. ㅋㅋㅋ

자 그럼, 다시 지금까지 나온 **영어문형들을 모두 섞어 말하는 시간**을 가져 보겠습니다.
다같이 영어 대화 속으로 빠져 봅시다. 즐기는 마음으로 신나게 유후!

DAY-14

대체 영어가 뭐길래
입사에도 승진에도 영향을 끼치는 것일까?

부분을 영어로 생각해 보세요

A How's the weather, Jay?
B 지금 비가 와.

A If it were nice, we could go to the new shopping mall.
B 여기 주변에 새로운 쇼핑몰이 있지 않니?

A Yes, it's the best place for shopping.
B 차가 있으면 운전해서 갈 텐데.

A Don't you have a car?
B 내 차는 지난주에 도둑맞았어.

A That's terrible. Where was it stolen?
B 너희 집 앞에서 도둑맞았어.

A Did you report* it to the police?

report = 신고하다

B 응. 경찰이 말하길 너희 동네에서 자주 있는 일이래.

A Really? I didn't know.
B 도둑 잡는 거 도와줘.

A If I were a cop, I would.
B 그러지 말고. 너희 동네에는 도둑이 있다고.

A So what? Nothing has been stolen from me.
B 너 진짜 내 친구 맞니?

그렇습니다! 영어는 한 사람을 평가하는 데 엄청나게 중요한 잣대가 되었습니다.

열심히 말하다 보면 영어가 **익숙하게** 느껴집니다.

▶ 부분을 영어로 생각해 보세요

A 날씨가 어떻니, 제이?
B It's raining.

A 날씨가 좋았더라면 새로 생긴 쇼핑몰에 갈 수 있을 텐데.
B Isn't there a new shopping mall around here?

A 응. 그곳은 쇼핑하기에 최고의 장소야.
B If I had a car, I would drive there.

A 너 차 없니?
B My car was stolen last week.

A 그거 참 안됐다. 어디서 도둑맞았니?
B It was stolen from in front of your house.

A 그거 경찰에 신고했어?
B Yes, the policeman said it often happens in your town.

A 정말? 난 몰랐는데.
B Help me find the thief.*

thief = 도둑

A 내가 경찰이라면 그럴 텐데.
B Come on, there is a thief in your neighborhood.*

neighborhood = 이웃(인근 지역)

A 그래서? 난 도둑맞은 게 아무것도 없는데.
B Are you really my friend?

하물며 외국에서 살다온 저도 자꾸 말하지 않으면 영어가 어색해집니다.

DAY-14

며칠 전에 제안해 드린 과제 하셨나요?
외국인과 친구 만드는 까페나 모임에 가입하는 거 말이에요.

▶ 부분을 영어로 생각해 보세요

- A I am going to the library.
- B 왜 거긴 가니?

- A I am going there to study.
- B 내가 너라면 너희 집에서 공부하겠다. 너무 좋잖아.

- A My dad said "It's better to study in the library."
- B 우리 어머니는 "집에서 공부하는 게 최고"라고 말씀하셨어.

- A There are too many distractions* in my house.
- B 뭔 방해요소?

  distraction = 방해요소

- A I am always asked to do the chores.
- B 너희 어머니가 하라고 그러시니?

- A No, my grandma does.
- B 너희 할머니랑 같이 사니?

- A You didn't know? There are five people in my family.
- B 할머니랑 같이 사는 거 좋지 않니?

- A Well, I guess it's better than living with my grandad.
- B 너 할아버지도 계시니?

- A Yes. He lives in Toronto. I don't like him.
- B 우리 할아버지는 나에게 어른을 공경하라고 하셨는데.

서약서에서처럼 제가 하라고 말씀드리는 것들은 꼭 하셔야 합니다.

DAY-14

잊지 마세요! 외국인과 **직접** 만나서
말해 보는 것은 필수입니다.

부분을 영어로 생각해 보세요

A 나 도서관 간다.
B Why are you going there?

A 거기 공부하러 가는 거야.
B If I were you, I would study at your house. It's so good.

A 우리 아버진 말씀하셨지, "도서관에서 공부하는 게 더 좋다"고.
B My mom said "It's best to study at home".

A 우리 집에는 방해요소가 너무 많아.
B What distractions?

A 항상 집안일을 시키거든.
B Does your mom ask you to do them?

A 아니. 할머니가 그러셔.
B Do you live with your grandma?

A 몰랐니? 우리 집 식구는 5명이야.
B Isn't it good living with your grandma?

A 음, 우리 할아버지랑 사는 것보다는 나을 거다.
B Do you have a gandpa, too?

A 응. 토론토에 사셔. 난 그분이 싫어.
B My grandpa told me to respect my elders.★

respect
= 공경하다,
elder
= 어르신

항상 최선을 다하세요! 그리고 결과에 대해 믿음을 가지세요!

공개합니다! 김지완의 영어비법 2

지난번에는 제가 어떻게 영어 듣기를 정복했는지 알려 드렸죠?
오늘은 제가 영어단어 공부한 방법을 알려 드리려고 합니다.
사실 저는 유학시절 사전을 한번도 찾아본 경험이 없습니다.
그러다 보니 제가 단어를 습득한 과정은 다른 영어학습자들과는 사뭇 다릅니다.
저는 우선 영국친구들을 많이 사귀어서 그들과의 대화를 통해 자연스럽게 단어를 익힌 경우입니다. 그냥 편하게 대화를 하다가 모르는 단어가 나오면 그 단어가 뭐냐고 되묻는 식으로 습득했는데, 그렇다 보니 그들이 생각하는 단어의 뜻, 즉 그들의 관점에서 본 그 단어에 대한 설명을 들을 수 있었습니다.
물론 뜻을 들은 후에는 그 단어를 꼭 직접 사용해 보아야 합니다.
잊어 버리기 전에 빨리 써 보는 것이 좋습니다. 직접 두세 번 말해 보면 어느새 그 단어가 자기 것이 되어 있음을 알게 됩니다. 이렇게 사전을 통해서가 아닌 대화를 통해서 배우는 경우 까먹을 확률이 제로입니다.
그래서 제가 말씀드리는 것입니다.
〈3030 English〉 1탄이나 2탄에서는 강조하지 않았지만, 지금 정도의 영어실력이라면 외국인과 대면해서 말하는 연습이 꼭 필요합니다.

책상에서는 1시간,
나머지 23시간은 웃고 떠들며 공부하는 Jay

What's "an elephant"? Can you explain?
외국인에게 이렇게 물으세요. 대화를 시작하는 실마리가 됩니다.

DAY-15 일차

유학시절 Jay의 영어 말하기 솜씨를 한층 업그레이드시켜 줬던 것이 있습니다. 뭐라고 불리우는지는 최근 영어강의를 하다가 알게 되었는데 바로 **관계대명사**라는 것입니다.
Do you know Kate? She lives in America. 이 두 문장을 더하면?
Do you know Kate who lives in America? (너는 미국에 사는 케이트를 아니?)
이렇게 **영어를 말할 때 두 문장을 하나로 만들어 주는 것**이 바로 이것이죠.
두 문장의 공통 부분을 부드럽게 연결해 주는 것으로 여러분은 이미 중학교 때 문법적으로 짚어 보았습니다. 자 그럼, 신나게 말해 볼까요!

관계대명사를 통해
좀더 고급스러운 영어를 구사해 볼까요?

A Do you know Mike?
B 서울에 사는 마이크 말하는 거니?

A No, not that Mike.
B 누구 말하는 거야?

A He has a dad who is a dentist.
B 내가 어제 만난 사람이 그인가?

A Where did you meet him?
B 내가 일하는 카페에서 만났어.

A Is it the cafe that I used to work for?
B 아니. 제인이 일하던 곳이야.

A Did you see Sarah whom Mike is engaged* to?
B 아니. 하지만 마이크의 엄마 같아 보이는 여자분은 봤지.

engage = 약혼하다

A What did Mike drink?
B 너 왜 그리 관심이 많니? 너 걔 스토킹하니?

A Actually, I am interested in his brother who goes to the same school as me.
B 정말? 그 사람 곱슬머리한 사람 아니니?

A How do you know?
B 그 남자는 내 여동생이 사겼던 사람이거든.

음… who도 쓰고 which도 쓰고 헷갈리네…

15일차 99

DAY-15

who는 사람인 경우에
which는 동물이나 사물인 경우에 씁니다.

부분을 영어로 생각해 보세요

- **A** 너 마이크 아니?
- **B** Are you talking about Mike who lives in Seoul?

- **A** 아니. 그 마이크 말고.
- **B** Who are you talking about?

- **A** 그는 치과의사인 아버지가 있는데.
- **B** Is he the one whom I met yesterday?

- **A** 어디서 만났니?
- **B** I met him at the cafe where I work.

- **A** 내가 일하던 그 카페니?
- **B** No. It's where Jane used to work.

- **A** 너 마이크와 약혼한 세라 봤니?
- **B** No, but I saw a woman who looked like his mom.

- **A** 마이크는 뭘 마셨니?
- **B** Why are you so interested? Are you stalking* him?

stalk = 가만히 뒤를 밟다

- **A** 사실 나와 같은 학교에 다니는 그의 남동생에게 관심이 있어.
- **B** Really? Is he the one who has a pony tail?*

pony tail = 꽁지머리

- **A** 어떻게 알아?
- **B** Because he is the guy whom my sister used to go out with.

주격, 목적격, 소유격이 약간씩 다르죠? 옆 페이지의 표를 참고하세요.

DAY-15

이제 **절반**이 끝나갑니다. 15일차라… 참 많이 왔습니다.

부분을 영어로 생각해 보세요

- A What do you usually do in your free time?
- B 난 LA에 사시는 할아버지를 찾아뵈러 가.

- A Do you mean L.A. which is in America?
- B 물론이지.

- A Isn't it expensive?
- B 몰랐니? 나 승무원인 사촌이 있어.

- A Really? Is she beautiful?
- B 응. 정말 이쁘지.

- A Can you introduce me?
- B 물론. 근데 그녀는 킥복싱선수인 남자친구가 있어.

- A Then forget about it.
- B 옆집에 사는 제인은 어떠니?

- A Is she the girl who drives a Porsche?
- B 응. 그녀는 8만 달러짜리 포르쉐가 있지.

- A Do you know her?
- B 아니. 난 LA에 사는 그녀의 남동생을 알아.

- A So are you going to introduce me to Jane?
- B 생각해 볼게.

선행사의 격	사람	동물/사물	아무데나 쓸 수 있는 것
주격	who	which	that
목적격	whom	which	that
소유격	whose	whose, of which	–

15일차 **101**

노력하는 사람 앞에 장사 없습니다.
여러분의 노력은 분명히 결실을 맺을 것입니다.

A 넌 한가할 때 뭐하니?
B I go visit my grandpa who lives in L.A.

A 미국에 있는 LA 말하는 거니?
B Of course.

A 비싸지 않아?
B Didn't you know? I have a cousin who is a flight attendant.

A 정말로? 이쁘니?
B Yes. She is really beautiful.

A 나에게 소개시켜 줄 수 있니?
B Sure, but she has a boyfriend who is a kickboxer.

A 그러면 관둬라.
B How about Jane who lives next door?*

next door = 옆집

A 포르셰 모는 그 아가씨 말이니?
B Yes, she has a Porsche which costs 80 thousand dollars.

A 그녀를 아니?
B No, but I know her brother who lives in LA.

A 그럼 제인한테 날 소개시켜 줄 거니?
B I will think about it.

떠들기만 하면 저절로 되는 영어. 이렇게 쉬운 영어를 이번엔 꼭 정복하세요!

토익/토플

미국에서 대학 다니던 시절의 얘기입니다. 저는 학부생이었고
저희 학교 대학원에는 한국에서 유학 오신 선배님들이 많이 있었습니다.
그중 토플이나 토익을 만점 받고 오신 분들이 상당히 많았는데 이상한 건
그분들이 영어로 의사 소통이 전혀 되지 않는다는 것이었습니다.
그 후로 저도 한국에 돌아와 토익/토플을 직접 강의해 보았는데
역시나 토익/토플 점수와 영어 의사소통 능력은 아무런 상관관계가 없다는 것을 알게 되었습니다.
그래서 전 항상 입버릇처럼 말했지요.
앞으로 영어 말하기를 평가하는 시험들이 나올 것이고,
그 시험들이 기존의 영어평가 시험들을 대체할 것이라고.
몇 년이 흐른 지금, 신문에서 반가운 기사를 읽게 되었습니다.
모 대기업에서 신입사원을 뽑을 때 더이상 영어시험 점수를 보지 않고
영어 전화통화가 가능한지 보겠다는 내용이었습니다.
그렇습니다! 이제 점점 더 영어 말하기의 중요성이 부각될 것입니다.
말 못하는 영어는 이제 더 이상 설 곳이 없습니다.

언어는 말하라고 만들어졌지 공부하라고 만들어지지 않았다.

DAY-16 일차

영어로 말하기에 점점 빠져 들고 계신가요? 대화 속에서 직접 말하면서 배우는 것만큼 좋은 방법이 있을까요? 아무리 찾아도 다른 방법은 없는 것 같습니다. 어제 관계대명사에 대해서는 충분히 알아보셨죠?
그리고 충분히 말해 보셨죠? 오늘은 기존에 연습한 문장들에
관계대명사를 섞어서 말해 보는 시간을 갖도록 하겠습니다.
〈3030 English〉를 만나 어쩔 수 없이 말을 많이 하고 계시는 여러분은 영어 말하기 실력이 좋아질 수밖에 없습니다.
왜냐고요? 많이 말하고 있잖아요.

DAY-16

이젠 저와 함께 공부할 날도 얼마 남지 않았습니다.
얼마 남지 않은 시간, **더 열심히** 하시기 바랍니다.

A What time is it?
B 3시예요.

A Are there many people in the cafeteria?* (cafeteria = 구내식당)
B 서너 명 있어요.

A Did you go there to eat lunch?
B 아니오. 존스 씨 만나러 갔었어요.

A Who is he?
B 존스 씨는 마케팅 부서를 책임지는 새 팀장이에요.

A Isn't Mr. Wright in charge of the marketing team?
B 아니오. 그는 2주 전에 LA 지사로 파견되었어요.

A Did he say anything before leaving?
B 그는 "난 다시 돌아올 거야"라고 말했어요.

A So why did you see Mr. Jones?
B 그가 자기 프로젝트를 도와달라고 했어요.

A If I were you, I wouldn't help him.
B 하지만 그는 회장님 따님과 결혼한 사람이에요.

A Are you sure?
B 어제 찰스는 그가 바로 '행운의 사나이'라고 했어요.

영어도 유창하게 말하게 될 본인의 미래 모습이 상상이 가시나요?

지금쯤 영어가 쉽고 재미있다고
생각하는 분들도 계실 것 같습니다.

▶ 부분을 영어로 생각해 보세요

- A 몇 시니?
- B It's three o'clock.

- A 구내식당에 사람 많니?
- B There are a few people.

- A 점심 먹으러 거기 갔었니?
- B No, I went there to see Mr. Jones.

- A 그 사람이 누구야?
- B Mr. Jones is the new manager who is in charge of the marketing team.

- A 라이트 씨가 마케팅 책임자 아니고?
- B No. He was sent to the LA office 2 weeks ago.

- A 떠나기 전에 무슨 말 없었니?
- B He said "I will be back."

- A 그래서 왜 존스 씨를 만났니?
- B He asked me to help him with his project.

- A 내가 너라면, 안 도와줄 텐데.
- B But he is the man who is married to the chairman's daughter.

(chairman = 회장)

- A 확실해?
- B Well, yesterday Charles said he was "a lucky guy".

영어는 하면 할수록 점점 쉽고 재미있게 다가와야 합니다.

DAY-16

원어민들도 **일상**에서 우리가 지금 연습하는 것과 같이 대화한다는 것을 잊지 마시고 힘내세요!

부분을 영어로 생각해 보세요

A Do you know David?

B 싱가포르에 사는 데이비드 말씀이신가요?

A No. I am talking about David whose wife is a nurse.

B 알겠다. 서울에 사는 데이비드 말씀하시는 거죠.

A Yes, that's him.

B 그가 어때서요?

A He said he would merge* our company.

B 확실해요? 그는 그렇게 부자는 아닌데.

A He is married to a nurse who happens to be a millionaire.*

B 와! 그는 나랑 같은 대학 다녔는데.

A So do you know him well?

B 물론이죠. 우리는 매우 가까운 친구였어요.

A Do you still keep in contact?

B 가끔 만나서 옛날 좋은 시절 얘기를 하곤 해요.

A If I were you, I would call him more frequently.

B 왜요? 제가 그에게 아첨이라도 떨길 원하시나요?

A Just in case he really merges our company.

B 걱정 마세요. 그가 항상 나에게 똑똑하다고 했거든요.

이 정도 수준이라면 원어민의 일상대화와 비교해도 전혀 손색이 없습니다. 희망이 보이시죠?
이 정도만 완벽하게 해도 일상 대화쯤 아무것도 아닙니다.

DAY 16

절대로 영어 공부하지 마세요!
즐겁게 말하세요!

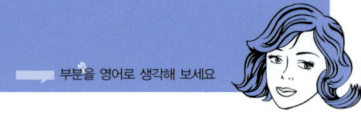

부분을 영어로 생각해 보세요

A 너 데이비드 아니?
B Are you talking about David who lives in Singapore?

A 아니. 난 간호사가 부인인 데이비드 말인데.
B I see. You are talking about David who lives in Seoul.

A 맞아. 바로 그 사람야.
B What about him?

A 그가 우리 회사를 합병한다고 했어.
B Really? He is not that rich.

A 그는 우연히도 백만장자가 된 간호사와 결혼했지.
B Wow! He went to the same university as me.

A 그럼 그를 잘 아니?
B Of course. We were very close friends.

A 여전히 연락하니?
B We sometimes meet to talk about the good old days.

A 내가 너라면, 그에게 전화를 더 자주 하겠다.
B Why? Do you want me to flatter* him?

flatter = 아첨하다

A 혹시 그가 진짜로 우리 회사를 합병할지 모르니까.
B Don't worry. He always said I was smart.

즐기면서 하는 것보다 효과적인 게 있을까요? 되도록 즐거운 마음으로 신나게 말해 보세요.

어린이를 사랑한 게 죄냐고요?

영국 유학 시절, 저와 매우 친하게 지내던 친구 듀가 있었습니다.
태국에서 온 친구였는데 심성이 무척 착하고 정직했죠.
우리는 함께 농구도 자주 하고 가끔 술도 한잔씩 하며 서로 우정을 쌓아갔습니다. 참고로 이 친구는 외모도 매우 이국적으로 생겨서
어딜 가든 여자들이 따르는 편이었습니다. 태국에 여자친구가 있다고 했는데
그 친구 말로는 태국에서 유명한 모델이라고 했습니다.
뭐 하여튼 대단히 멋진 친구였는데,
하루는 동네 아저씨들이 듀에 대해 얘기하는 것을 듣게 되었습니다.
아저씨들 왈, 듀가 아무래도 어린이 성추행범 같다는 것이었습니다.
아이들과 자전거를 타고 돌아다니는 모습이 자주 보였다는 거죠.
멀쩡한 고등학생이라면 초등생들이랑 놀겠느냐, 뭐 이런 얘기였죠.
물론 나중에 듀는 아이들을 좋아하는 사람일 뿐이라는 사실이 밝혀졌지만,
그 사건을 계기로 서양에서 남의 집 아이에게 너무 친절을 베풀거나
귀엽다고 안아 주거나 하면 안 된다는 것을 깨닫게 되었습니다.

DAY-17 일차

15일차에서 말해 본 관계대명사를 기억하고 계시겠죠?

관계대명사를 연습해 보았기에 어쩔 수 없이 **관계부사**도
말해 보아야 합니다.
사실 어쩔 수 없다기보다는 필수라고 하는 게 더 정확할 것 같습니다.
마치 자장면과 단무지처럼 떼려야 뗄 수 없는 사이이거든요.
과연 관계부사가 무엇인지 알아볼까요?
아니, 영어로 말해 볼까요?

DAY-17

관계대명사처럼 두 문장을 하나로 연결해 주는 관계부사

▶ 부분을 영어로 생각해 보세요

A Where do you live?
B 나는 왕들이 살던 성에 살아요.

A Do you like living in the castle where many people died?
B 네, 그게 제가 그곳에 사는 이유예요.

A Are you serious?
B 네, 그게 제가 성을 구입한 이유인데요.

A I don't understand why you like the castle.
B 제가 왜 그 성을 좋아하는지 말했잖아요.

A Do you really like living in a place where many people died?
B 네, 그게 제가 큰돈을 지불한 이유라니까요.

A How much was it?
B 150만 달러였어요.

A It's too expensive. Are you serious?
B 나는 하물며 그것을 산 날도 기억해요.

A It's too expensive. How did you manage to buy it?
B 어떻게 샀는지는 모르겠어요.

A Did you borrow any money?
B 나는 내 친구가 일하는 K은행에서 돈을 빌렸어요.

관계대명사와의 차이라면 두 문장을 이어서 공통되는 장소, 방법, 시간, 이유를 말한다는 것입니다.

관계부사도 관계대명사만큼 중요합니다.
열정을 가지고 **진지하게** 말해 보세요!

A 넌 어디 사니?
B I live in a castle where kings used to live.

A 넌 많은 사람들이 죽은 성에서 사는 것이 좋니?
B Yes, that's why I am living there.

A 너 진심이야?
B Yes, that's why I bought the castle.

A 난 네가 왜 그 성을 좋아하는지 모르겠다.
B I told you why I like the castle.

A 넌 정말로 사람이 많이 죽은 곳에서 사는 것이 좋아?
B Yes, that's why I paid a lot of money.

A 얼마였니?
B It was one point five million dollars.

A 그건 너무 비싸다. 너 진심이니?
B I even remember the day when I bought it.

A 그건 너무 비싸다. 어떻게 샀니?
B I don't know how I bought it.

A 돈을 좀 빌렸니?
B I borrowed money from K bank where my friend works.

시간을 나타낼 때는 when, 장소를 나타낼 때는 where, 방법을 나타낼 때는 how, 이유를 나타낼 때는 why를 사용하여 문장을 매끄럽게 하나로 연결합니다.

어휘력이 늘고 있는 게 느껴지시나요? 말할 수 있는 표현이 는다는 것은
영어 실력이 향상된다는 의미입니다.

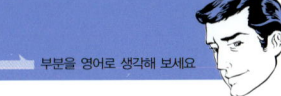

부분을 영어로 생각해 보세요

- A It's already a quarter past three.
- B 그래서 내가 택시를 잡으려고 했었어요.

- A Where are we now?
- B 여전히 우리가 처음 버스를 탄 서울지역이에요.

- A This is not the way I wanted to go.
- B 우린 이미 늦었어요. 어떻게 할까요?

- A Let's get off at Sadang Station where we can take the subway.
- B 그거 좋은 생각이네요. 그러면 우리는 공연이 끝나기 전에 도착할 수 있어요.

- A How far is Sadang from here?
- B 우리는 지금 서초예요.

- A Seocho is the area where I used to live when I was young.
- B 정말요? 서초는 부자가 많이 사는 동네예요.

- A That was the time when I was rich.
- B 저는 제가 태어난 동네에서 살아요.

- A Where do you live?
- B 저는 박지성 선수의 출신지에 살아요.

- A Do you live in Gunpo?
- B 아니오. 군포는 이영표 선수의 고향이에요.

대화가 점점 자연스러워지고 계신가요? 17일 만에 이렇게 발전했습니다. 30일 뒤가 너무 궁금하지 않으세요?

바디랭귀지 하기 쑥스러운 분들도 계시죠?
제가 **쉽게 하는 법**을 알려 드리겠습니다.

부분을 영어로 생각해 보세요

- A 벌써 3시 15분이야.
- B That's why I was going to take a cab.

- A 우리 지금 어디지?
- B We are still in Seoul where we first got on the bus.

- A 이건 내가 원하던 게 아닌데.
- B We are already late. What shall we do?

- A 전철을 탈 수 있는 사당에서 내리자.
- B That's a good idea. That way we can get there before the show ends.

- A 여기서 사당까지 얼마나 멀어?
- B We are in Seocho now.

- A 서초는 내가 어릴 적 살던 동네야.
- B Really? Seocho is the area where many rich people live.

- A 그때 난 부자였었지.
- B I live in the town where I was born.

- A 어디 사니?
- B I live in the town where Jisung Park is from.

- A 너 군포에 사니?
- B No. Gunpo is the city where Youngpyo Lee is from.

가장 쉽게 하는 법은 두 손을 들어서 안에서 바깥쪽 방향으로 무언가를 권하듯 돌려 주는 것입니다. 옆 페이지 그림을 참조하세요.

바디랭귀지 따라하기

바디랭귀지가 어렵다고 하시는 분들이 상당히 많아서 어떻게 하면 쉽게 할 수 있는지 알려 드리도록 하겠습니다. 영어로 말할 때마다 아래의 동작을 수시로 하시면 자기도 모르는 사이에 바디랭귀지에 익숙해질 겁니다.

1. 두 손을 가슴 높이 정도로 들어 올린다.

2. 가슴에서 무엇인가를 끄집어낸다는 생각으로 팔꿈치와 팔목 관절을 돌린다.

3. 이때 무릎을 구부렸다 폈다 하며 튕겨 준다.

4. 미소를 지으면 더없이 좋다.

때로는 바디랭귀지가 말보다 의사소통에 더 효과적이다.

DAY-18 일차

사실 뭐가 관계부사인지, 관계대명사인지 몰라도 영어로 말하는 데는 아무 지장 없습니다. 대부분의 원어민은 그런 게 있는 줄도 모르고 말합니다. 물론 외국어로써 영어를 접하는 우리들이야 이런 용어를 알아두면 도움이 되지만, 사실 몰라도 말할 수 있다는 것만 알고 계시면 됩니다. 다시 말해, 많이 알아야 회화를 할 수 있는 것이 아닙니다.
많이 말해 본 사람만이 회화를 할 수 있음을 명심하시고, 오늘도 섞어 말하기에 들어가 볼까요? 힘내세요! 제가 함께하겠습니다.

DAY-18

어제 배운 바디랭귀지를 사용해가며 말해 보세요!
몸은 유연하게 목소리는 크게.

부분을 영어로 생각해 보세요

A Why are you staying inside?
B 안에 있으라고 하던데요.

A Who told you that?
B 이 선생님이 저보고 실내에 있으라고 하셨어요.

A If I were you, I would go outside.
B 저도 제 여자친구가 있는 밖으로 나가고 싶어요.

A Who is your girlfriend?
B 빨간 바지를 입고 있는 아가씨가 그녀예요.

A Is she the one who is playing baseball now?
B 네. 제가 사랑하는 아가씨죠.

A What's her name?
B 그녀의 이름은 림이에요.

A Is she from China?
B 아니오. 한국사람이에요.

A Are there many Korean people in your school?
B 아니오. 하지만 홍콩에서 온 사람들은 많아요.

A There are many Hong Kong companies here.
B 그게 여기 홍콩사람들이 많은 이유예요.

노화현상은 유연함을 잃는 것이라고 하는데… 영어로 말할 때 부드럽게 바디랭귀지를 하면 노화 방지도 되겠죠?

18일차 117

 영어를 하다 보면 가끔 도저히 이해 안 되는 것도 있습니다. 이해하려고 하지 말고 그냥 자꾸 **반복해서 말해 보세요.**

▶ 부분을 영어로 생각해 보세요

- A 너 왜 실내에 있니?
- B I was told to stay inside.

- A 누가 그랬어?
- B Mr. Lee told me to stay inside.

- A 내가 너라면 밖에 나가겠다.
- B I want to go outside where my girlfriend is.

- A 누가 네 여자친구니?
- B She is the girl who is wearing red pants.

- A 지금 야구하는 아가씨 말이니?
- B Yes, she is the girl who I love.

- A 그녀의 이름이 뭐야?
- B Her name is Rim.

- A 중국에서 왔니?
- B No, she is Korean.

- A 너희 학교에 한국 사람이 많니?
- B No, but there are many people from Hong Kong.

- A 여기 홍콩 회사들이 많잖아.
- B That's the reason why there are many Hong Kong people here.

언어는 이해하려고 해서 이해되는 것이 아닙니다. 익숙해지는 것이야말로 그 언어를 진정 아는 것입니다.

이렇게 하루도 빠지지 않고 따라오는 당신의 열정,
참 대단합니다. 존경합니다.

부분을 영어로 생각해 보세요

A What happened to you?
B 나 어제 해고당했어.

A Why were you fired?
B 늘 지각을 해서 해고당한 거야.

A Who fired you?
B 새로 회사에 합류한 존슨 씨가.

A Were you given any retirement pay?*
B 물론 아니지. 해고당했다고 말했잖아.

    retirement pay = 퇴직금

A So what are you going to do?
B 난 새로 시작할 수 있는 미국으로 가려고.

A That's cool. It's good starting over.
B 그런데 난 걱정이 돼.

A Why?
B 존슨 씨가 그러는데 미국인들도 지각하는 사람 좋아하지 않는다고 하더라고.

A Who does?
B 어쨌든 미국에서 사는 것은 재미있을 거야.

A If I were you, I would go to England instead.*
B 난 종교보다 축구가 중요한 영국은 싫어.

    instead = 대신에

감사합니다. 이렇게 열심히 따라와 주셔서. 당신은 분명히 성공할 것입니다.

혹 주위가 시끄럽거나 상대가 집중을 안 해서 우리가 하는 말을 못 알아들을 때도 있습니다.

▬▬ 부분을 영어로 생각해 보세요

A 무슨 일 있었어?
B I was fired yesterday.

A 왜 해고당했니?
B I was late all the time and that's why I was fired.

A 누가 해고했어?
B Mr. Johnson who just joined the company.

A 퇴직금은 받았니?
B Of course not. I told you I was fired.

A 그래서 뭐 할 거니?
B I am going to America where I can start over.

A 그거 좋다. 완전히 새로 시작하는 것은 좋아.
B But I am worried.

A 왜?
B Mr. Johnson said Americans don't like people who come late for work, either.

A 누군 좋아하겠니?
B Anyway, it's going to be fun living in America.

A 내가 너라면 대신 영국에 가겠다.
B I don't like England where soccer is more important than religion.

절대로 주눅 들지 말고 큰소리로 천천히 다시 반복해서 말하세요.

취미로 배우는 영어!

누구나 취미가 하나씩 있게 마련입니다. 저는 영국축구(프리미어리그)를 너무 좋아해서, 영국 유학 시절 주말이면 경기를 빠짐없이 관람하곤 했습니다. 그러다 보니 자연스레 축구 관련 표현들을 많이 익히게 되었고 영어듣기 능력도 많이 향상되었습니다. 스포츠중계가 뉴스만큼 속도가 빠른데도 축구는 내가 좋아하는 분야라서 그런지 무척 즐겁게 봤던 기억이 납니다.

억지로 듣기 싫은 뉴스를 매일 보는 것은 정말 힘듭니다.

하지만 본인의 관심분야라면 매우 효과적이고 질릴 이유도 없습니다.

예전에 일본 오락이 한참 유행하던 시절, 오락에 관심이 있었던 제 또래 친구들은 자발적으로 일본어를 공부했고 1-2년이 지나자 웬만한 일본어는 다 읽게 되었던 기억이 납니다. 여러분도 본인의 관심분야를 영어로 자막 없이 볼 수 있는 방법을 찾아보세요. 예를 들어 케이블TV를 신청한다든지 아니면 DVD나 동영상을 다운받아 본다든지 말입니다.

최근에 외국에 한번도 나가지 않고 영어를 정복한 사람 두 명을 만났었는데 그들 역시 자신이 좋아하는 시트콤을 반복해서 보며 따라서 말했다고 하더군요. 이렇게 재미있게 공부하는 것이 스트레스 받으며 억지로 하는 것보다 훨씬 효과적임을 잊지 마세요!

영어 취미를 하나 가지면 영어 정복이 쉬워진다.

DAY-19 일차

와! 이런 놀라운 책이 있다니?
미리 알았더라면 영어공부가 쉬웠을 텐데, 라고 하시는 분들 많으시죠?
자, 이렇게 〈3030 English〉를 보고 감탄하듯,
영어로는 어떻게 감탄할까, 많이 궁금하셨죠?
오늘은 그 궁금증을 확 풀어 보는 시간을 가지려고 합니다.
원어민과의 대화를 통해 어떤 때 **어떻게 감탄하고 맞장구치면 되는지** 한번 알아봅시다. 파이팅!
아참! 알아만 보는 게 아니라 말해 봐야 되겠죠? ^^

감탄을 잘하는 사람이 진짜 영어를 잘하는 사람입니다.

▶ 부분을 영어로 생각해 보세요

A Oops, I dropped my pen.
B 이런! 그거 비싼 펜이잖아.

A My mom bought it for my birthday.
B 보자. 정말 아름다운 펜이구나!

A Do you know how much it is?
B 모르겠는데.

A It's 500 dollars.
B 어머나!

A It was made in Germany.
B 아, 그거 놀랍구나!

A There are only seven of these in the world.
B 정말 독특한 펜이구나!

A Do you like it?
B 물론이지. 난 펜 모으는 것을 좋아해.

A You can have it if you want.
B 정말 놀랍다!

A You are my best friend.
B 정말 착하다!

어머! 아차! 이런! 이제 이런 감탄쯤은 아무것도 아니죠? 감탄할 때는 당연히 얼굴 표정이나 몸짓도 놀란 듯 해야 합니다.

감탄문 만드는 법 아시나요?
전 중2 때 외웠던 기억이 납니다.

부분을 영어로 생각해 보세요

- A 이런, 나 펜을 떨어뜨렸어.
- B Shoot! It's an expensive pen.

- A 엄마가 내 생일날 사 주셨는데.
- B Let me see. What a beautiful pen it is!

- A 얼마인지 알아?
- B I don't know.

- A 500달러야.
- B Good Heavens!

- A 그건 독일에서 만들어졌어.
- B Oh, that's surprising.

- A 이건 세계에서 7개밖에 없어.
- B What a unique* pen it is!

  *unique = 독특한

- A 넌 그게 마음에 드니?
- B Sure. I like collecting pens.

- A 네가 원한다면 가져도 돼.
- B What a surprise!

- A 넌 나의 가장 친한 친구잖아.
- B How kind!

감탄문 만들기 : What + (관사) + 형용사 + 명사 + S + V !
　　　　　　　How + 형용사 + S + V !

DAY-19

와~! 당신의 영어실력 정말 놀랍습니다.

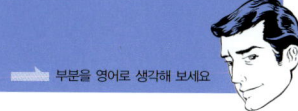

A Who is your favorite actress?
B 난 제니퍼가 좋아.

A Me too. What a sexy girl she is!
B 난 사실 전에 그녀를 만나 본 적이 있어.

A Oh my God! Did you really see her face to face?*
B 응. 난 그녀를 클럽에서 본 적 있어.

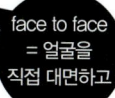
face to face
= 얼굴을 직접 대면하고

A Oh my goodness! How was she?
B 그녀는 배꼽티를 입고 있었지.

A How cute!
B 그녀는 밤새 춤췄어.

A Did you dance with her?
B 뭐야. 그녀는 스타야.

A How foolish you are!
B 어차피 그녀는 남자친구와 함께 있었는걸.

A Damn it! She has a boyfriend?
B 그녀는 그 남자와 같이 살아.

A What a lucky guy he is!
B 뭐야. 너 결혼했잖아!

영어 잘하는 사람은 능청을 잘 떨어야 합니다. 뻔뻔하게 하세요!

DAY-19 뻔뻔하게 그리고 Fun Fun 하게 말하세요!

부분을 영어로 생각해 보세요

A 가장 좋아하는 여자배우는 누구니?
B I like Jennifer.

A 나도. 그녀는 정말 섹시한 여자야!
B I have actually met her before.

A 아 이런! 너 정말 그녀를 직접 봤어?
B Yes. I saw her at a club.

A 아 이런! 그녀가 어떻든?
B She was wearing a tank top.*

*tank top = 배꼽티

A 귀엽다!
B She danced all night.

A 너 그녀와 춤췄니?
B Come on. She is a star.

A 이런 바보 같으니라고!
B She was with her boyfriend anyway.

A 젠장! 그녀가 남자친구가 있다고?
B She lives with that guy.

A 그는 정말 행운아구나!
B Come on, you're married!

문법적으로 맞는지 자꾸 생각하면 말을 할 수가 없습니다. 우선 말해 버리세요! 맞고 틀린지는 말하고 나서 생각해 보세요!

VIP 식당 매너

나이프와 포크의 위치라든지 뭐 이런 기본적인 것은 대부분 알고 있는 상식입니다. 하지만 잘 모를 수도 있는 몇 가지를 말씀드리겠습니다.

우선, 음식물을 씹고 있는 상태에서 말하는 것은 상당히 실례되는 행동임을 잊지 마세요. 다 씹은 후에 말하거나 어쩔 수 없이 말해야 하는 경우에만 입을 손으로 가린 후 말하시면 됩니다. 또 하나, 식사 중 트림은 당연히 안 되겠죠. 트림은 방구 이상으로 지저분한 행동으로 인식되므로 꼭 주의하시기 바랍니다. 그런데도 불구하고 트림을 했다면 어떻게 해야 할까요?

1. 내가 안 한 척한다.
2. 화를 내며 음식에 있는 방부제 탓이라고 한다.
3. 그냥 크게 웃으며 넘어간다.
4. Excuse me. I am really sorry. 라고 사과한다.

당연히 답은 4번입니다. 잊지 마세요. 물론 실수를 하지 않는 게 더 좋겠지만요. 참고로 와인에 대해 한 가지 알려 드리겠습니다. 오히려 프랑스나 영국에서는 와인잔을 잡는 법이나 와인을 마시는 주도에 대해 우리나라만큼 호들갑 떨지 않는다는 사실을 아시고, 혹시라도 와인을 마시게 되면 주눅 들지 말고 그냥 자연스럽게 마시면 된다는 것, 잊지 마세요.

DAY-20일차

와! 벌써 20일차네요! 어제는 감탄하는 방법을 잘 배워 보셨나요?
감탄문 말하는 걸 보면 그 사람의 영어실력을 알 수 있습니다.
감탄문을 말할 때 오버를 많이 하는 분일수록
영어를 자신 있게 하기 때문입니다.
자~ 벌써 이 책도 3분의 2가 끝나갑니다. 여기까지 오신 여러분들,
조금만 더 힘내시고요, 오늘도 우리 힘차게 영어로 말해 봅시다.
이제까지의 표현들을 모두 섞어서 말해 보겠습니다.
여러분 파이팅!

DAY·20

20일차까지 왔는데
아직도 작은 목소리로 말하시는 분, 계신가요?

부분을 영어로 생각해 보세요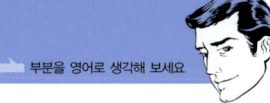

A How many people are there in your chemistry* class?
B 50명 있어.

chemistry = 화학

A Wow! Amazing!
B 그리고 선생님은 가장 엄하신 스미스 선생님이야.

A What an unlucky girl you are!
B 그 수업 취소하기로 결심했어.

A If I were you, I would take physics* instead.
B 물리 수업 듣는 건 재미있니?

physics = 물리

A Hell no!
B 왜?

A It is boring!
B 그럼 왜 그 수업 듣는 건데?

A Because there are many girls in the class.
B 이런! 너 언제 철들래?

A Let me tell you something, I was asked for a date yesterday.
B 정말 운 좋네!

A She said I am her type.
B 물리 수업 듣는 것보다 훨씬 좋게 들린다.

크게 말하는 데 돈 드는 것도 아닌데, 제발 크게 좀 말해 주세요!

DAY 20

크게 말할 때가 작게 말할 때보다 최대 2배 이상 빨리
실력 향상이 됩니다. What a hard working student you are!

부분을 영어로 생각해 보세요

A 너희 화학수업에 몇 명이나 있니?
B There are 50.

A 와! 놀랍다!
B And the teacher is Mr. Smith who is the most strict.*

strict
= 엄한, 엄격한

A 너 정말 운이 없구나!
B I've decided to drop the class.

A 내가 너라면 대신 물리 듣겠다.
B Is it fun attending physics class?

A 지옥보다 싫지!
B Why not?

A 지루하거든!
B Then why are you taking the class?

A 왜냐면 그 반에는 여자들이 많거든.
B Gees! When are you going to grow up?

A 내가 뭐 말해 줄게. 난 어제 데이트 신청 받았다고.
B How lucky!

A 내가 그 여자애 타입이래.
B It sounds much better than taking physics class.

바디랭귀지, 성대모사, 큰 목소리, Jay가 원하는 3가지!

우리가 알고 있는 **영국**은
영국, 스코틀랜드, 웨일즈, 아일랜드를 합친 나라입니다.

부분을 영어로 생각해 보세요

- A Are you new here?
- B 네, 공부하러 왔어요.

- A Where are you from?
- B 전 영국 출신이에요.

- A That's the place where I met my wife.
- B 좋은 나라죠.

- A What a quiet country it is!
- B 여행하기 멋진 나라예요.

- A Did you say it was a lovely country to travel?
- B 네, 왜요?

- A There were a lot of beggars* on the street.
- B 영국 어느 지역이었죠?

  beggar = 거지

- A I was in Cardiff.
- B 카디프는 웨일즈에 있는데요.

- A Isn't Wales part of England?
- B 아, 이런! 그건 맞지 않아요.

- A Mr. White who is from London told me so.
- B 그가 만약 웨일즈인이라면 그렇게 말 안 했을 거예요.

스코틀랜드 사람에게 영국인이냐(English)고 물으면 매우 싫어합니다.

성실하게 여기까지 온 자신이 뿌듯하지 않으세요?
거울을 보고 자신에게 잘했다고 **칭찬해 주세요!**

부분을 영어로 생각해 보세요

A 여기 처음이니?
B Yes. I came to study.

A 어디 출신이야?
B I am from England.

A 거긴 내가 아내를 만난 곳이란다.
B It's a nice country.

A 참 조용한 나라지!
B It's a lovely country to travel.

A 그곳이 여행하기 멋진 곳이라고 말했니?
B Yes, why?

A 거리에는 거지들이 많던데.
B Which part of England?

A 난 카디프에 있었어.
B Cardiff is in Wales.

A 웨일즈는 영국의 일부 아니니?
B Oh, gees! That's not true.

Welsh = 웨일즈 사람

A 런던에서 온 화이트 씨가 그렇게 말해 줬는데.
B If he were Welsh,* he wouldn't say that.

이렇게 열심히 하는 당신을 보는 주변 사람들의 반응이 어떤가요? 이 정도로 열심히 하면 영어가 아니라 그 무엇도 어렵지 않습니다.

영어연극

처음에 이 책 제목을 정할 때 '영어연극'이라고 하면 어떨까 생각했었습니다.
보시면 아시겠지만 매일의 대화들은 모두 연극대사처럼 되어 있습니다.
또 실제로 영어는 연극하듯 감정을 강하게 이입할 때 의사 전달이 쉽고 분명합니다. 흔히 롤플레이라고도 하는데, 각자 역할을 갖고 실제로 대화하듯 말하는 방법이 제가 생각하는 영어 중급자들의 가장 적합한 학습법입니다.
우리말의 경우, 말할 때 음의 높낮이와 바디랭귀지가 거의 사용되지 않습니다.
하지만 영어는 우리말과 많이 다릅니다.
우선 상황에 맞게 음의 높낮이를 잘 조절하여 말해야 합니다.
그리고 바디랭귀지는 기본입니다.
실제로 언어보다 바디랭귀지로 더 많은 의사전달이 된다고 합니다.
여러분은 영어로 연극을 한다는 생각으로 각자의 대사에 몰입하시기 바랍니다.
그리고 주변 친구들 또는 영어 스터디 멤버들과 대사를 바꿔가며 연극을
해보시길 강력 추천합니다.

학교 영어연극이 끝난 후.
절친한 친구 Nick과 Tui.

언어는 단어와 단어의 단순한 조합이 아니라 소리와 몸짓으로
자신의 의사를 표현하는 것이다.

DAY-21 일차

20일차까지 여러 형태의 문장을 연습해 보았습니다. 이제 여러분은 〈3030 English〉 1, 2탄 및 실전대화편을 통해 문법책에 나올 법한 거의 모든 형태의 문장들을 말해 보았습니다. 오늘부터 이틀간은 기본동사 get과 take의 여러 가지 쓰임에 대해 알아보도록 하겠습니다. 기본동사 하나가 얼마나 다양하게 쓰이는지 대화를 통해 알 수 있을 것입니다. 오늘은 우선 get을 가지고 시작해 볼까요? 기억하세요!
기본동사만 잘 써도 영어가 한결 쉬워집니다.

DAY-21

Get 하나만으로도 대화를 할 수가 있습니다.

▶ 부분을 영어로 생각해 보세요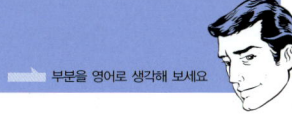

A Can I get you something to drink?
B 레몬에이드 갖다줄래요?

A Oops! I am sorry. I spilled it on your shirt.
B 괜찮아요. 그냥 휴지 좀 가져다줘요.

A I am really sorry. Don't get upset.
B 전 괜찮아요. 주제를 바꾸죠.

A When did you get back from Thailand?
B 어제 왔어요.

A Did you get me a present?
B 미안해요. 그런데 시간이 없었어요.

A What an excuse! It doesn't take much time to buy a gift.
B 난 정말 시간이 없었어요. 친구 결혼식에 참석했거든요.

A Who got married?
B 내 친구 샐리가 결혼했어요.

A So that's why I couldn't get a hold of* you.
B 저한테 전화했었나요?

*get a hold of = ~와 연락이 되다

A Of course. I called you several times.
B 사실 핸드폰도 안 가지고 갔어요. 알다시피 국제로밍 서비스 받는 게 비싸잖아요.

---

get 하나에도 이렇게나 많은 뜻이 있다는 사실을 알고 있었나요?

실제 대화에서는 이렇게 get 같은 기본동사를 많이 사용하게 됩니다.

■ 부분을 영어로 생각해 보세요

- A 내가 마실 것 가져다줄까?
- B Can you get me a lemonade?

- A 이런! 미안. 네 셔츠에 흘렸네.
- B It's okay. Just get me some tissues.

- A 정말 미안해. 기분 나빠하지 마.
- B I am fine. Let's change the subject.

- A 태국에서 언제 왔어?
- B I got back yesterday.

- A 내 선물 가져왔어?
- B I am sorry, but I didn't have time.

- A 참 변명도! 선물 하나 사는 데 시간이 많이 걸리지도 않잖아.
- B I really didn't have time. I attended my friend's wedding.

- A 누가 결혼했니?
- B My friend Sally got married.

- A 그래서 내가 연락을 할 수 없었구나.
- B Did you call me?

- A 물론. 여러 번 전화했었지.
- B In fact, I didn't even take my cell phone. As you know, it's expensive to get an international roaming service.

예를 들어 '도착하다'는 뜻의 동사 arrive보다 실제 대화에서 get을 더 많이 쓴다는 사실, 놀랍지 않나요?

DAY-21

'사다'라는 뜻의 동사 buy 대신 get을 사용할 수 있습니다.
실제로 get은 buy만큼이나 '사다'라는 뜻으로 많이 쓰입니다.

▶ 부분을 영어로 생각해 보세요

A When did you get here?
B 지금 막 왔어요.

A Let me show you my new pen.
B 어디서 났어요?

A I bought it from Miko mart.
B 거짓말하는 것 같은 느낌이 오는데요.

A Why do you think so?
B 당신은 돈이 없잖아요.

A I got a 5 million dollar project last week.
B 정말요? 아주 잘됐네요.

A I also got a phone call from the main office.*
B 승진됐나요?

*main office = 본사

A No, I got a bonus.
B 정말 훌륭하네요!

A I am going to get a new car.
B 당신은 천재임이 틀림없어요.

A Once you get to know me, you will be surprised.
B 난 이미 놀랐어요.

한 단어에 여러 의미가 있어서 헷갈리지 않냐고요? 아무 상관없습니다.
문맥을 보면 단번에 알 수 있습니다.

DAY-21

대화의 흐름을 읽으면 상대방이 get의 수많은 용법 중 무엇으로 사용하고 있는지 쉽게 알 수 있습니다.

부분을 영어로 생각해 보세요

A 언제 왔니?
B I just got here.

A 내 새 펜을 보여줄게.
B Where did you get it?

A 미코 마트에서 샀어.
B I am getting the impression* that you are lying.

impression
= 인상, 느낌

A 왜 그렇게 생각해?
B You don't have any money.

A 나 지난주에 5백만 달러짜리 프로젝트 땄어.
B Really? That's very good for you.

A 난 본사에서 전화도 받았지.
B Did you get a promotion?*

promotion
= 승진

A 아니. 보너스 받았어.
B How wonderful!

A 새 차 사려고 해.
B You must be a genius.

A 날 알게 되면 당신은 놀라게 될 거야.
B I am already surprised.

get에 전치사를 더하면 더 많은 의미를 가지게 됩니다. 영어란 언어, 정말 무궁무진하지 않나요?

영어로 뉴스 보기

참 이상하게도 많은 영어 학습자분들이 영어뉴스 듣는 데 관심이 많으십니다. 굳이 뉴스가 아니고 영화라도 상관 없는데 유독 뉴스 듣기에 관심이 많으신 것 같습니다. 그래서 영어 뉴스는 어떻게 듣는 게 좋은지 간단히 설명 드리겠습니다.
우선 처음에는 그림이나 소리를 듣는 것에 만족하셔도 좋습니다.
들리는 문장을 다 이해하는 것은 아무래도 무리이니까요.
그렇게 그림이나 소리만 들어도 한 2주 지나면 뉴스 내용이 대략 짐작이 가실 것입니다. 그때부터 한 문장 한 문장씩 곱씹어가며 들어 보시고요.
따라할 수 있는 문장이 있으면 뉴스를 보며 직접 따라서 말해 보는 것도 매우 좋은 방법입니다.
주의할 점은 처음부터 뉴스를 너무 완벽하게 이해하려고 욕심 부리면 안 된다는 것입니다. 그냥 그림 보고 소리 들으며 내용 짐작 내지는 파악에만 신경을 써도 점점 뉴스가 들리게 되니까요.
그럼 오늘부터 하루 10분 영어뉴스 보기 어때요?

초보자가 영어뉴스를 듣는 최고의 방법은 소리와 그림을 보며 내용을 짐작하는 것이다.

DAY-22 일차

get의 맛을 충분히 보셨나요? 놀라셨죠? get이 얼마나 많은 용도로 쓰이는지. 정말 get만 가지고도 대화가 가능합니다. 물론 get만으로 이루어진 대화야 없겠지만 이렇게 get이 다양하게 쓰일 수 있다는 것만 기억하시고요. 실제 원어민들도 이런 기본동사를 대화 중에 아주 많이 사용한다는 것을 잊지 마세요. 자 그럼, 오늘은 get의 친구 take 씨를 만나 보겠습니다.

DAY-22

get만큼이나 많이 쓰이는 take를 가지고 말해 봅시다.

▶ 부분을 영어로 생각해 보세요

A When are you taking your driving test?
B 아직 모르겠어. 준비하는 데 시간이 오래 걸리네.

A Why do you need a driving license?
B 택시 타는 것보다 싸니까.

A Why don't you take a bus?
B 버스는 학교까지 가는 데 시간이 너무 오래 걸려.

A Are you usually busy in the morning time?
B 그럼, 난 매일 아침 목욕을 하거든.

A So do I.
B 난 비타민도 10알이나 먹는다고.

A Gees! That's a lot.
B 그건 많은 노력이 필요하지.

A Doesn't it take a lot of time?
B 아니. 1분밖에 안 걸려.

A I see. All my vitamins have disappeared.
B 누가 가져갔어?

A I don't know. Can you think of anyone?
B 내가 짐작해 볼게.

아! 정말 이렇게 다양하게 쓰이는구나, 하고 감탄이 절로 나오시나요?

어떻습니까?
정말 take 없으면 영어가 안 되겠죠?

A 너 언제 운전면허시험 보니?
B I don't know yet. It takes a long time to prepare.

A 운전면허가 왜 필요한데?
B It's cheaper than taking a cab.

A 왜 버스 안 타고?
B Buses take too long to get to school.

A 넌 아침에 늘 바쁘니?
B Yes, I take a bath every morning.

A 나도 그런데.
B I take 10 vitamins every day.

A 와! 그건 많다.
B It takes a lot of effort.

A 그게 시간을 많이 잡아먹진 않니?
B No, it only takes a minute.

A 알겠다. 내 비타민은 다 사라졌어.
B Who took them?

A 모르겠어. 넌 생각나는 사람 누구 없니?
B Let me take a guess.

이제 30일차까지 정말 얼마 남지 않았습니다. 힘내세요!

DAY-22

take와 get만 있으면
영어는 문제 없다는 분도 계시더군요.

밑줄 부분을 영어로 생각해 보세요

A Look! There is David Beckham.
B 사진 좀 찍자.

A Look, he is taking a cab.
B 우리도 택시 타고 쫓아가자.

A Why?
B 그와 사진 찍고 싶지 않아?

A Of course I do. Let's go.
B 이런! 난 돈이 없어.

A What?
B 내 남동생이 내 돈을 다 가져갔어.

A Damn, we lost him.
B 유명인 사진 찍는 건 너무 어렵다.

A It takes a lot of effort.
B 잊어 버리자. 너 내일 학교 가니?

A Yes, I am taking my car.
B 나 데려갈 수 있니?

A I will think about it.
B 그러지 말고, 나를 매일 태워 가는 건 어때?

요즘 세상에 영어는 기본입니다. 이번 기회에 꼭 정복하셔야겠죠?

자꾸 말해 보면 기본동사의 다양한 용법도 별거 아니죠?

부분을 영어로 생각해 보세요

- A 봐! 저기 데이비드 베컴이다.
- B Let's take some photos.

- A 봐, 그가 택시 타고 있어.
- B Let's take a cab and follow him.

- A 왜?
- B Don't you want to take a photo with him?

- A 물론 그렇지. 가자.
- B Shoot! I don't have any money.

- A 뭐라고?
- B My younger brother took all of my money.

- A 젠장. 그를 놓쳤다.
- B It's so hard taking photos of celebrities. ★

  celebrity = 유명인사

- A 노력이 많이 필요하지.
- B Forget about it. Are you going to school tomorrow?

- A 응. 내 차 가지고 가려고.
- B Can you take me with you?

- A 생각해 볼게.
- B Come on. How about driving me to school every day?

영어를 못하는 사람들의 공통점은 하나같이 뻔뻔하게 말하지 못한다는 것입니다.

틀리게 말하세요!

제가 강의 때마다 하는 말입니다. "제발 좀 틀리게 말하세요!"

분석해 본 결과, 한국인들은 틀리지 않게 말하려고 자꾸 곱씹다가 영어로 말할 기회를 놓치거나 아예 말 자체를 하지 않습니다. 여러분이 어렸을 때를 생각해 보면, 우리가 모국어인 한국어를 배운 방법도 틀려도 자꾸 말해 봄으로써였습니다. 예를 들어 감히 누가 넘어지지 않고 자전거를 배울 수 있을까요?

영어 역시 마찬가지입니다. 틀리게라도 우선 말하고 나면 다음에는 좀더 정확하게 또 그 다음에는 더 정확하게 말할 수 있는 것입니다.

그래서 꼭 기억하셔야 합니다. 주어진 시간에 한 마디의 완벽한 문장을 말하는 것보다 열 마디의 틀린 문장을 말하는 것이 영어학습에 훨씬 효과적이라는 것 말입니다.

틀리는 게 쑥스러우시다고요? 그래서 말을 못하시겠다고요?

제가 장담하는데, 그런 분들은 평생 영어를 정복할 수가 없습니다.

넘어지는 것을 두려워하지 말고 남이 뭐라고 생각하는지 두려워하지 말고 그냥 말하세요! Just speak!

콜리쇼(Collishaw) 가족 중 마틴 아저씨와 엉터리 영어로 아무 생각 없이 밤마다 1시간 이상 떠들었는데 이제 생각해 보니 이것이 영어학습에 매우 큰 도움이 되었습니다.

정확한 한 문장을 말하는 것보다 틀린 문장 열 개를 말하는 것이 훨씬 낫다!

DAY-23 일차

22일차까지는 본문을 제가 직접 만들었습니다만, 23일차부터는 좀더 원어민스러운 대화문을 만들기 위해 캐나다 선생님과 제가 함께 대화하며 작업하였습니다.

다시 말해, **실제 원어민의 대화**라고 생각하시면 되겠습니다. 매일매일 다른 주제를 가지고 있습니다. 독자 여러분이 실제 그 상황에 처해 있다는 생각으로 **간절하게 대화하시면,** 실제 외국인과 대화하는 것과 같은 효과를 보시리라 생각합니다. 자 그럼, 상황 속 영어대화로 들어가 볼까요?

외국 호텔에서의 체크아웃, 떨리지 않으셨나요?

▶ 부분을 영어로 생각해 보세요

A Good afternoon. Can I help you?
B 네, 지금 호텔을 떠나려고요.

A What is your room number?
B 206호예요.

A Do you have the key?
B 네, 바로 여기 있어요.

A Did you enjoy your stay?
B 여기 머무르는 건 환상적이었어요.

A This is the place where Tom Cruise stays.
B 한 여자분이 말해 주셨어요.

A There are many famous guests.
B 그 여성분은 가장 맘에 드는 부분이 투숙객들이라고 하더군요.

A Let me get your bill.
B 고맙습니다.

A Here you are. It's 215 dollars.
B 카드나 현금 중 무엇을 받나요?

A We take both.
B 이런! 제 카드를 방에 두고 왔네요.

여행을 다니다 보면 숙박할 일이 꼭 생기겠죠? 그럴 땐 침착하게 위에서 연습한 것처럼만 하시면 아무 문제 없습니다.

DAY-23

혹시나 발음이 어려운 문장이 있나요?
있다면 다시 듣고 반복해서 말해 보세요.

부분을 영어로 생각해 보세요.

A 좋은 오후예요. 도와드릴까요?
B Yes, I am leaving the hotel now.

A 객실 번호가 어떻게 되세요?
B It's room 206.

A 열쇠 가지고 계세요?
B Yes, it's right here.

A 머무는 건 즐거우셨나요?
B It was lovely staying here.

A 여기는 톰 크루즈가 머무는 곳이에요.
B A lady told me.

A 유명한 손님들이 많죠.
B The lady said her favorite part was the guests.

A 계산서 가져다 드리겠습니다.
B Thank you.

A 여기 있습니다. 215달러입니다.
B Do you take credit card or cash?

A 둘 다 받습니다.
B Shoot! I left my card in the room.

톰 크루즈가 머무는 호텔이라? 헌데 215달러면 너무 싼 게 아닌가?

DAY-23

이렇게 놀듯이 영어연극을 하면 영어실력이 좋아집니다.
참 신기하죠?

▶ 부분을 영어로 생각해 보세요

A Are you ready to order?
B 특별요리가 뭔가요?

A It's steak and eggs.
B 커피도 같이 나오나요?

A Yes, there is. There are also other choices.
B 여기서 먹는 건 항상 좋아요.

A Yes, we offer many options.
B 여기 뷔페가 있는 곳 아닌가요?

A Yes. There is a buffet* right around the corner.
B 뷔페를 먹으면 좋겠는데요.

> buffet = 뷔페
> (발음도 유의해야 합니다.)

A No problem. Let me get you a plate.
B 커피도 한잔 하겠습니다.

A Are you expecting anyone else?
B 네. 친구가 합석하겠다고 했어요.

A I will get you another plate.
B 그녀는 늦을 거라고 했어요.

A Can I get her some coffee as well?
B 네. 도착하면 원할 것 같아요.

외국에 나가면 당연히 음식점에서 식사할 일이 많겠죠?

〈3030 English〉 1,2탄처럼 직역되어 있지 않아서 영어로 바꿔 말하는 게 힘드신가요?

부분을 영어로 생각해 보세요

A 주문하시겠습니까?

B What is the special?*   special = 특별요리

A 스테이크와 계란입니다.

B Is there coffee with that?

A 네. 다른 메뉴들도 있습니다.

B It's always good eating here.

A 네, 우리는 다양한 선택권을 제공합니다.

B Isn't this the place where you have the buffet?

A 네. 뷔페는 모퉁이를 돌면 바로 있습니다.

B If I could have the buffet, I would be pleased.

A 문제 없습니다. 접시 하나 가져다 드리겠습니다.

B I will also take a coffee, please.

A 누구 기다리는 분 있으세요?

B Yes, a friend said she would join me.

A 제가 다른 접시 하나 가져다 드릴게요.

B She said she was running late.*   running late = 늦다

A 그분 커피도 가져다 드릴까요?

B Yes, she will want it when she gets here.

이제는 익숙해지고 계실 것입니다. 그동안 수고 많으셨습니다.

150   3030 English [실전대화편]

영어로 글쓰기는 어떻게 해야 하나요?

어떻게 하면 영어로 글쓰기를 잘할 수 있는지 질문을 많이 받습니다. 그런데 영어로 글쓰기라는 것이 영어 말하기 능력과 비례할 수밖에 없습니다. 왜냐면 글쓰기란 말할 수 있는 것들을 종이에 옮기는 것이니까요. 즉, 말하기 능력이 좋으면 자연히 쓰기 능력도 좋아질 수밖에 없습니다. 하지만 이걸 바꿔 놓고 보면 글쓰기를 열심히 하면 말하기 능력이 좋아진다는 뜻도 됩니다. 그러면 어떻게 영어 글쓰기를 공부하는 것이 좋을까요? 앞에서 말한 바와 같이 말하기를 열심히 하는 것은 첫 번째이고, 두 번째는 많이 써 보는 것입니다. 특별히 문법이나 단어를 더 외우려고 하지 말고 하루에 짧은 일기 하나라도 꾸준히 쓰는 것입니다. 직접 쓰다 보면 글쓰기가 늘 수밖에 없습니다. 처음에는 "에이, 과연 이렇게 혼자 쓰기만 해서 될까?" 하시겠지만 한 일주일만 해 보셔도 본인의 글쓰기가 늘어가는 것을 느끼실 것입니다. 그래도 혼자서 글쓰기가 너무 막막하시다면 저와 김영욱 선생님이 출판한 〈Just write it!〉 시리즈를 가지고 해보셔도 좋습니다. 일기 쓰기부터 토플 라이팅까지 스스로 써 보는 방식이기 때문에 그 어떤 방법보다 글쓰기가 빨리 좋아질 것입니다.

영어 글쓰기도 마찬가지. 많이 써 보지 않으면 잘 쓸 수 없다.

DAY-24 일차

어제는 호텔과 식당을 오가며 대화를 해보았습니다. 어떠세요? 대화가 부드럽게 되시나요? 모르는 단어가 나오면 그 문장 자체가 힘들게 느껴지겠지만 그냥 능청스럽게 다른 단어나 바디랭귀지를 써서 넘어가 보세요. 그러고 나서 나중에 그 부분을 다시 듣고 따라해 보면 완전히 자기 것으로 만들 수 있습니다.
틀리게라도 **말해 봐야 자기 것을 만들 수** 있는 것입니다. 모른다고 입 다물고 가만히 계시면 괜한 시간낭비니까 꼭 말해 보세요.

우체국에서의 대화입니다.
유학이나 이민을 가면 누구나 경험해야 하는 상황이죠.

▶ 부분을 영어로 생각해 보세요

- A How much is it to send a letter to Canada?
- B 대략 5달러 정도 할 거예요.

- A Do you take cash or credit?
- B 현금만 받아요.

- A How long will it take to get there?
- B 우편 종류가 달라서요.

- A Which one is the fastest?
- B 페덱스가 있어요. 4일밖에 안 걸리죠.

- A It's good knowing I can get it there fast.
- B 편지를 페덱스로 하시겠어요?

- A Yes. I was hoping for a quick service.
- B 제가 주소용지 가져다 드릴게요.

- A Thank you.
- B 내가 당신이라면 우리 명함 가지고 가겠어요.

- A Sure, I will take one.
- B 이 편지, 집으로 보내시나요?

- A Yes, my mother said she would love a letter.
- B 충분히 빨리 도착할 거예요.

직접 말해 보니까 우체국 이용도 별거 아니네요.

DAY-24

우체국에서 일어난 일, 재미있으신가요?
이제 소포 하나 부치는 것쯤은 별일 아니죠?

부분을 영어로 생각해 보세요

A 캐나다에 편지 보내는 데 얼마인가요?
B It will be about 5 dollars.

A 현금이나 카드 받나요?
B We only take cash.

A 거기까지 가는 데 얼마나 걸리나요?
B There are different mail services.

A 어떤 게 가장 빠르죠?
B There is Fed Ex. It only takes 4 days.

A 빨리 도착할 수 있다는 것을 아니까 좋네요.
B Would you like to FedEx the letter?

A 네. 저는 빠른 서비스를 원하고 있었거든요.
B Let me get you an address label.

A 고마워요.
B If I were you, I would take our business card.

business card = 명함

A 물론요. 하나 가지고 갈게요.
B Are you sending this letter home?

A 네. 어머니가 편지 받으면 좋으실 거라 하셔서요.
B It will get there soon enough.

FedEx는 사실 항공특송회사의 이름인데 이제는 그냥 무엇이든 빨리 보낼 때 쓰는 말로 사용되고 있습니다.

외국에 나가서 가급적 **의사선생님**은 만나지 않는 게 좋겠지만… 그래도 준비는 하셔야겠죠?

부분을 영어로 생각해 보세요

A Hello, doctor.
B 안녕, 루시. 만나서 반가워.

A It's good to see you, too.
B 무엇이 문제니?

A There are a few things.
B 내가 널 위해 할 수 있는 게 뭔가 있을 거라 확신한다.

A The place where I usually go was very busy today.
B 오늘 우리는 환자가 많지 않구나.

A The woman who schedules appointments got me in quickly.
B 그녀는 매우 좋아. 그렇지 않니?

A I have a migraine.*
B 내가 복용할 수 있는 알약을 줄게.

migraine = 편두통

A If I could get a prescription,* I would appreciate it.
B 물론. 내가 처방전 줄게.

prescription = 처방전

A How many tablets do I take?
B 곧바로 2개 먹고 잠자리에 들어라.

A Do I take a tablet when I get up?
B 응. 하나 더 먹으면 훨씬 좋아질 거야.

가끔 단어를 모르거나 표현을 못하겠으면 바디랭귀지를 사용해 보세요!

이젠 **병원**에 갈 일이 생겨도 두렵지 않겠죠?

부분을 영어로 생각해 보세요

- A 안녕하세요, 의사선생님.
- B Hi, Lucy. It's good to see you.

- A 저도 만나서 반갑습니다.
- B What seems to be the matter?

- A 몇 가지 문제가 있습니다.
- B I'm sure there is something I can do for you.

- A 제가 늘 가는 곳이 오늘 매우 바빠서요.
- B I don't have many patients* today.

  patient = 환자

- A 예약 잡아 주시는 여자분이 저를 빨리 들여보내 주셨어요.
- B She is very nice, isn't she?

- A 저는 편두통이 있어요.
- B I will give you some tablets* to take.

  tablet = 알약

- A 처방전을 받을 수 있으면 고맙겠습니다.
- B Sure thing. I will get you that prescription.

- A 알약을 몇 개나 먹어야 하나요?
- B Take 2 immediately and go to sleep.

- A 일어나서도 약을 먹나요?
- B Yes, take one more tablet and you will feel better.

실제로 부딪혀 보면 병원도 우체국도 별것 아닙니다. 여러분은 할 수 있습니다!

156 3030 English {실전대화편}

참 이상한 영국 병원

영국에 있을 때 일입니다. 몸에 열이 나고 감기가 심한 것 같아 주사나 한대 맞으려고 병원을 찾았습니다. 의사 선생님은 진찰을 하시더니 별거 아니라며 집에 가서 푹 쉬라는 것이었습니다. 그래서 제가 약은 안 주냐고 물었더니 의사 선생님께서는 어차피 며칠만 쉬면 낫는 거니까 약을 굳이 먹을 필요가 없다는 것이었습니다.

저는 매우 당황했습니다. 그럼 주사라도 한방 맞으면 안 되겠느냐고 물었지요. 그랬더니 의사 선생님은 정색을 하시며 무슨 죽을 병에 걸렸다고 주사를 맞느냐는 것이었습니다.

그렇게 저는 아무런 약도 주사도 처방받지 못한 채 집으로 돌아와야 했습니다. 나중에 알게 된 사실인데 영국에서는 정말 응급상황이 아니면 병원에 잘 가지 않는다고 하더군요. 보통 심한 경우에는 그냥 약국에서 파는 알약 한두 개 정도 먹고 푹 쉬면 낫기 때문에 호들갑 떨며 병원에 들락날락거리지 않는다는 것입니다. 그렇게 영국에서 수년간 살다가 한국에 오니 감기가 걸려도 병원에 가지 않는 저를 모두 이상하게 생각하네요.

DAY-25 일차

영어로 대화하기가 점점 재미있어지죠?
사실 이렇게 영어공부는 흥미로워야 합니다.
그런데 여러분 대부분은 그동안 정말 재미없게 영어를 배우셨습니다.
이렇게 실제로 대화한다는 생각으로 즐겁게 말하면
영어 실력이 팍! 팍! 늘 수밖에 없습니다.

오늘은 국내에서 강의중인 원어민 강사들의 대화입니다.
여러분 각자가 원어민 강사라는 생각으로 대화에 몰입해 보세요.

DAY·25

영어 강의도 하고 학교에서 공부도 하는
제니 (Jenny) 선생님의 얘기입니다.

▶ 부분을 영어로 생각해 보세요

A Is there something on your mind?
B 응, 있어.

A Do you want to talk about it?
B 기말고사 때문에.

A Have you been studying?
B 응, 근데 일을 많이 해야만 해서 말야.

A Can you call work to say you are busy?
B 전화하면 거짓말해야 하잖아.

A Have you told your boss that you have to study?
B 물론. 그런데 그는 진지하게 받아들이질 않아.

A Can you take a sick day?*   (sick day = 병가, 아파서 쉬는 날)
B 사장이 나에게 또 병가를 줄 수 없다고 말했어.

A It's hard studying and working.
B 특히 좋은 성적을 내야 할 때는 그렇지.

A I am sure it will all work out.*   (work out = 해결되다)
B 응, 난 긍정적으로 생각해야 해.

A I'm sure you'll feel better after you take the exam.
B 시험보다 안 좋은 일들도 있어.

제니 선생님의 말이 공감 가시나요? 본인이 진짜 대화 속 인물이라는 생각으로 감정을 실어 말하세요!

25일차 **159**

DAY-25

주변에 영어 잘하는 분들에게 한번 물어 보세요.
일상회화에서 어렵고 복잡한 문장들이 많이 쓰이는지.

부분을 영어로 생각해 보세요

A 마음에 걸리는 일이 있니?
B Yes, there is.

A 그 얘기 좀 해볼래?
B It's the final exam.

A 공부하고 있니?
B Yes, but I have to work a lot.

A 직장에 전화해서 바쁘다고 하면 안 돼?
B If I call work, I would have to lie.

take seriously = 진지하게 받아들이다

A 사장님한테 공부해야 한다고 말했어?
B Of course, but he doesn't take me seriously.*

A 병가를 쓰면 안 돼?
B My boss said he couldn't give me another sick day.

A 공부와 일을 병행하는 것은 힘들어.
B Especially when I need to get great marks.

A 나는 모든 것이 해결될 것이라고 확신해.
B Yes, I need to stay positive.

A 시험을 보고 나면 분명 기분이 나아질 거야.
B There are worse things than exams.

일상회화에서는 매우 간단하고 쉬운 표현들이 쓰입니다.

DAY-25

이제 막 한국에 영어 강의하러 오신
에린(Erin) 선생님의 이야기입니다.

▶ 부분을 영어로 생각해 보세요

- A Where are you from?
- B 난 캐나다 출신이야. 그곳은 매우 좋지.

- A Why did you come to Korea?
- B 영어 가르치려고 왔어.

- A Do you like it here?
- B 응. 여기서 사는 게 좋아.

- A Did you take a plane to get here?
- B 응, 그게 여기 오는 유일한 방법이야.

- A If you live in Europe, there is the train.
- B 원래는 유럽을 통과하는 하는 노선이었지.

- A Were you going to take the train?
- B 난 비행기로 오고 싶었어. 그게 가장 빠르거든.

- A Are you glad to be here?
- B 응. 여기가 내가 있어야 할 곳이야.

- A The man who taught me English was Canadian, too.
- B 여기는 캐나다 사람이 많더라고.

- A Yes, there are.
- B 만나서 반가웠어.

실제로 외국인과 대화하고 있다는 생각을 가지고 말해 보세요.

이제 며칠 남지 않았습니다. 조금만 **힘내세요!**

- A 넌 어디 출신이니?
- B I come from Canada. It's very nice.

- A 넌 왜 한국에 왔니?
- B I came to teach English.

- A 여기가 맘에 드니?
- B Yes, it's good living here.

- A 여기까지 비행기 타고 왔니?
- B Yes, It's the only way to get here.

- A 만약에 유럽에 살면 기차가 있는데.
- B Originally, I was routed through Europe.*

> be routed
> = 루트가 정해지다

- A 기차 타려고 했었니?
- B I wanted to fly. It is the fastest way.

- A 여기 와서 좋아?
- B Oh yes! This is the place where I should be.

- A 나에게 영어를 가르쳐 주었던 남자도 캐나다 사람이었는데.
- B There are many Canadians here.

- A 응, 그래.
- B Nice meeting you.

30일이 다 끝나고 원어민 수업에 들어갈 생각을 하니 설레지 않으시나요?

선진 교육은 체험하는 교육?

과연 영국사립학교의 교육은 우리와 어떻게 다른지 제가 영국 중, 고등학교를 다녔던 시절을 떠올리며 비교해 봤습니다. 가장 큰 차이점은 뭘까?
그것은 바로 체험학습입니다. 무슨 과목을 공부하든 실험이나 직접 만들어 보는 시간이 절반 이상을 차지합니다. 그러다 보니 책으로만 배우는 것보다 훨씬 기억에도 오래 남고 수업 자체가 재미있습니다. 한 가지 예를 들자면 제가 고등학교 졸업할 때 기술과목 졸업 작품으로 낸 것이 마늘 으깨는 기계였습니다. 기술실 안에 있는 사출 성형기계로 외형도 직접 제작하고 기계에 들어가는 나사들도 일일이 만들었던 기억이 납니다. 기술실에 있던 장비들은 우리나라 공장에서나 볼 법한 크고 대단한 것들이었죠. 이렇게 직접 만들어 보니 각 기계에 대해서나 작업과정에 대해서 너무 잘 알게 되었고 수년이 지난 지금도 예전에 했던 대로 무엇이든 만들 수 있다는 자신감이 있습니다. 이처럼 체험하는 학습이야말로 선진교육의 특징이 아닐까 생각됩니다. 물론 한 교실에 10명도 채 안 되는 환경과 넉넉한 예산 덕분이기도 하지만, 점차 우리 교육도 이렇게 바뀌어야 하지 않을까 생각해 봅니다. 그럼 영어 교육은 어떨까요?
체험학습을 영어에 대입한다면 그건 바로 말하기 교육입니다. 말하기 교육은 돈이 들지 않습니다. 그냥 자꾸 말할 기회만 주면 되는 것이지요.
그럼 3030 체험학습을 만난 여러분, 남은 분량도 더욱 열심히 체험해 볼까요?

배우기만 해서는 완벽하게 알 수 없다. 직접 체험해 봐야 한다.

DAY-26 일차

자, 지금쯤이면 외국인 친구 만드는 클럽이나 동호회에 가입하셨겠죠?
항상 말씀드리지만 **직접 부딪히셔야** 합니다. 직접 부딪히지 않고는 영어를 빨리 배울 수 없습니다. **용기를 내세요!**
귀찮아하지 마세요!
이 책 초반에 서약을 하실 때 이미 이 정도는 작정하지 않으셨나요?
자! 그럼, 오늘은 외국에서 **친구들과 어울릴 때** 할 법한 대화들을 만나 보겠습니다.

DAY-26

오늘 뭐 하고 놀까 **계획** 한번 세워 볼까요?

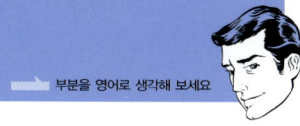

부분을 영어로 생각해 보세요

- A Let's make plans to get together.
- B 물론. 너랑 노는 것은 항상 즐거워.

- A What should we do?
- B 새로 상영중인 영화가 있더라.

- A There is one movie I really want to see.
- B 제목이 뭔데?

- A *Indiana Jones*.
- B 그거 남자가 잃어 버린 보물을 찾는 얘기지?

- A Yes, in the places where they are hidden.
- B 내가 만약에 초능력 영웅이라면 배트맨이 될 거야.

- A I am really excited to see this movie.
- B 나도. 난 영화 보는 걸 좋아해.

- A Should I get us tickets then?
- B 응, 그리고 우리 거기에 빨리 도착해야 해.

- A I will meet you and then we will take a taxi.
- B 좋은 생각이야. 거기에 더 빠르게 갈 수 있으니까.

- A Then we can take our time and get good seats.
- B 그래, 그때 보자.

주변에 있는 외국인 친구에게 영화 보러 가자고 한번 제안해 보세요.

DAY-26

3탄부터 보시는 중급자들도 계시겠지만, 1탄부터 시작해 여기까지 오신 분들은 정말 **대단합니다.**

부분을 영어로 생각해 보세요

A 오늘 모임 계획을 잡아 보자.
B Sure, it's always fun hanging out with you.

A 우리 뭐하지?
B There are some new movies playing.

A 내가 진짜 보고 싶은 영화가 하나 있는데.
B What's it called?

A "인디아나 존스"야.
B Is that about the man who hunts for lost treasures?*

treasure = 보물

A 응, 그것들이 숨겨진 곳에서 말이야.
B If I were a super hero, I would be Batman.

A 난 이 영화 보는 게 정말 기다려진다.
B Me too. I enjoy watching movies.

A 그럼 내가 티켓을 사놓을까?
B Yes, and we should get there early.

A 나랑 만나서 우리 택시 타자.
B Good idea. We can get there faster.

A 그럼 여유를 갖고 좋은 자리를 잡을 수 있을 거야.
B Okay, see you then.

1탄부터 쭉 따라오신 여러분, 감사합니다. 그리고 이렇게 대화하고 있는 모습, 너무나 자랑스럽습니다.

이제 올라갈 곳은 **원어민** 수업밖에 없습니다.

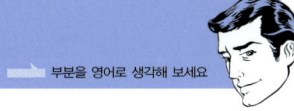

- A Welcome to the party, there is beer in the fridge.
- B 고마워. 냉장고가 어디에 있지?
- A It's in the kitchen on your right.
- B 아, 보인다.
- A Can you get me a beer, too?
- B 물론이지.
- A When did Lucy say she could get here?
- B 그녀는 늦을 거라고 했어.
- A If I had a car, I would pick her up.
- B 오는 길이라고 했어.
- A Great. It's always good to see Lucy.
- B 나도 동의해. 그녀와 대화하는 것은 즐거워.
- A I was thinking of her yesterday.
- B 우리가 다 함께 만났던 그곳 기억 나?
- A Yes, and the man who joined us.
- B 난 곧 루시와 결혼하려고 해.
- A What a surprise! Congratulations.
- B 초대해 줘서 고마워.

영어를 하다 보면 누구나 정체기가 있습니다. 하지만 걱정 마세요! 꾸준히 노력하면 언제 그랬냐는 듯, 실력이 오르는 것이 느껴집니다.

DAY-26

영어의 경우, 매일매일 실력이 늘고 있다고 느껴지지는 않습니다.
하다 보면 어느새 늘어 있고 또 **하다 보면 늘어 있지요** 
부분을 영어로 생각해 보세요

- A 파티에 온 걸 환영해. 냉장고 안에 맥주 있어.
- B Thank you. Where is the fridge?

- A 네 오른쪽으로 부엌에 있어.
- B Oh, I see it.

- A 나도 맥주 가져다 줄래?
- B It's my pleasure.★ pleasure = 즐거움

- A 루시는 언제 여기로 올 수 있대?
- B She said she was running late.

- A 내가 차가 있으면 데리고 올 텐데.
- B She told me she was on her way.

- A 잘됐다. 루시를 보는 것은 항상 좋아.
- B I agree. It's fun talking with her.

- A 난 어제 그녀 생각했었어.
- B Remember the place where we all met?

- A 응, 그리고 우리와 합석했던 그 남자도.
- B I plan to marry Lucy soon.

- A 놀랍다! 축하해.
- B Thank you for inviting us.

지속적으로 말하고 있다는 것은 영어가 향상되고 있다는 뜻입니다.

너무나 다른 우리들

영국 고등학교 시절 일입니다. 영국친구들과 태국에서 온 유학생 몇 명과 왕족 제도에 대해 이야기를 하고 있었습니다. 저와 영국친구들은 왕족은 별로 필요가 없는 것 같다, 도대체 역할이 뭐냐며 왕족에 대한 부정적인 이야기들을 털어 놓았습니다. 조용히 있는 태국 친구에게 제가 태국왕도 마찬가지지 않느냐고 물었지요. 그러자 그 친구는 아니라고 왕은 꼭 필요하다고 하는 것이었습니다. 그래서 저는 농담 반 진담 반으로 왕은 호화로운 생활만 누리지 국민들을 생각하지도 않는다고 얘기했습니다. 그런데 이 친구 화를 내며 자리를 박차고 일어서는 것이었습니다. 나중에 알고 보니 대부분의 태국 국민들은 왕을 엄청 존경한다고 합니다.

심지어 왕이 아프면 국민들이 눈물을 흘리기까지 한다고 하니 제가 좀 실수를 한 것 같습니다. 여러분도 이렇게 각국의 다양한 민족을 만날 때 그들과 우리의 생각이 많이 다를 수 있다는 것을 염두에 두시고, 특히 태국 사람들과 말할 때는 왕을 모욕하는 말은 하지 않도록 조심하시기 바랍니다.

서로의 차이점을 이해하고 존중하자.

DAY-27 일차

자기 자신이 원어민이 된 듯한 느낌이 드시는 분들도 계시죠?
다양한 상황들을 말하다 보면 어느덧 영어가 익숙해지는 것을 느끼실 것입니다. 오늘은 **모르는 것을 물어 물어 찾아가는 대화**를 해보겠습니다. 외국에 나가면 무언가를 물어 찾아내는 상황이 자주 발생하게 되죠.
자, 그럼 힘차게 말해 봅시다!

맛있는 음식점을 찾을 줄 안다면
외국 여행이 훨씬 행복하겠죠?

- A Is there a good restaurant in the area?
- B 네, 있어요. 많이 있습니다.

- A Will it be hard to find one?
- B 아뇨. 매우 활기 넘치는 곳이죠.

- A Can I get there by walking?
- B 네, 하지만 택시 타는 게 더 빠릅니다.

- A Can I take the bus?
- B 네, 그러나 택시 타는 게 더 쉬워요.

- A I will take a map if you have one.
- B 외지 분인가요?

- A Yes, I was sent here to work.
- B 여기 맘에 드세요?

- A Yes, I enjoy working here.
- B 시간이 있으면, 전 여행을 할 텐데요.

- A Well, I used to live here a long time ago.
- B 제가 갈 만한 곳을 추천해 드릴게요.

- A Is it quiet? My wife said she wanted to relax.
- B 네, 그곳은 훌륭합니다.

이 정도 대화면 맛있는 음식점 찾는 것도 하나 어렵지 않습니다. 물론 이 대화를 조금만 응용하면 어디든 찾아갈 수 있겠죠?

DAY 27

첫 해외 여행 때 자신이 원하는 곳을 물어 물어 찾아가게 됐을 때 느끼는 **희열**을 아시나요?

부분을 영어로 생각해 보세요

- A 이 지역에 좋은 레스토랑이 있나요?
- B Yes, there is. There are many.

- A 찾아가기가 힘드나요?
- B No, it's a very lively place.

- A 걸어서 갈 수 있나요?
- B Yes, but it's faster to get a taxi.

- A 버스 타도 되나요?
- B Yes, but it's easier to take a taxi.

- A 혹시 지도 있으면 하나 사겠습니다.
- B Are you from out of town?

- A 네, 여기에 업무차 파견되었습니다.
- B Do you like it here?

- A 네, 전 여기서 일하는 것을 즐기고 있습니다.
- B If I had time, I would travel.

- A 음, 저는 여기서 오래 전에 살았었어요.
- B Let me suggest a place to go.

- A 조용한가요? 제 아내가 쉬고 싶다고 했거든요.
- B Yes, it's lovely.

자기 자신을 칭찬해 주세요! "참 잘했다"고. 맛있는 음식점을 찾아내서 잘했다고. ^^

유난히 어려운 부분이 있었다면 그 문장이 나왔던 일차로 돌아가서
다시 반복해서 말해 보세요.

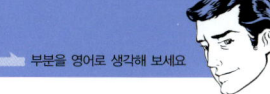

A Are you looking for something in particular?* *particular = 특별한
B 사무용품 사려고 왔습니다.

A Well, this is the place where you will find many.
B 연필 있나요?

A Yes, there are many down aisle* 3. *aisle = 복도
B 카트 하나 가져다 주실래요?

A Here, take this.
B 고마워요. 명함도 가지고 가겠습니다.

A Let me get one for you.
B 종이류 섹션이 있나요?

A Yes, there is. I will take you.
B 저는 컴퓨터 디스크도 사려고 왔습니다.

A There is a computer section over there.
B 데려다 주실 수 있나요?

A Yes, please follow me.
B 업무상 쇼핑은 즐겁네요.

A How much will you be spending today?
B 사장님이 말씀하시길 예산이 200달러라고 하셨어요.

원하는 물건 찾는 것도 별거 아니죠?

기회가 되면 외국인과의 대화도 시도해 보세요!

부분을 영어로 생각해 보세요

- A 뭐 특별히 찾는 것 있으신가요?
- B I was sent to get some office supplies.*

> office supply = 사무용품

- A 음, 여기가 많은 걸 찾을 수 있는 곳입니다.
- B Do you have any pencils?

- A 네, 3번 통로에 많이 있습니다.
- B Can you please get me a cart?

- A 여기요, 이거 받으세요.
- B Thank you. I will also take a business card.

- A 제가 가져다 드릴게요.
- B Is there a paper section?

- A 네, 있습니다. 제가 모셔다 드릴게요.
- B I also came to get some computer discs.

- A 저기에 컴퓨터 섹션이 있습니다.
- B Can you take me there?

- A 네, 절 따라오세요.
- B It's fun shopping on the job.

- A 오늘 얼마를 쓰실 건가요?
- B My boss told me I have a budget* of 200 dollars.

> budget = 예산

이젠 이런 대화가 너무 쉽다고요? 그만큼 여러분의 실력이 는 것입니다. Well done.

영국의 대학 입시제도

여기까지 잘 따라오신 분들 중 혹시 영국으로의 유학을 생각하는 분들도 계실 것 같아서 영국의 대학입시 제도에 대해 간략하게 말씀드리겠습니다.

우선 영국은 대학을 가기 위해 A level이란 시험을 치르게 됩니다. 보통의 경우 고등학교 2년간 3개 과목을 선택하여 공부하고 그 3과목만 시험을 본 후 그 성적을 가지고 대학에 입학하게 되는 것입니다. 물론 추천서라든지 생활기록부 같은 것들도 추가적으로 봅니다.

영국 대입제도의 특징이라면 대학 입학 전 자신이 좋아하는 과목을 딱 3가지 선택해서 그 과목들만 공부하기 때문에 일찍부터 자신이 좋아하는 분야에 전문성을 가지게 되는 것이죠. 그리고 그 3과목에 대한 공부의 깊이가 매우 깊어서 거의 다른 나라 대학교 1-2학년 과정을 공부한다고 보시면 되겠습니다.

물론 다 장단점은 있겠지만 3과목만 공부해서 대학 가는 영국 학생들이 부럽진 않으신가요?

DAY-28 일차

오늘은 **콘서트장과 신발가게**에서 일어나는 대화입니다.
외국에 가면 문화생활도 즐겨야겠지요?
그리고 혹시 기억나실지 모르겠는데 〈3030 English〉 1탄에서 제가
프랑스에서 얼마나 싸게 명품구두를 샀는지 말씀드렸던 적이 있습니다.
물건을 사고 싶으면 사이즈도 물을 줄 알고 또 자신의 취향도 말할 수 있
어야겠죠?
자 그럼, 대화에 빠져 볼까요?

저도 영국에서 〈미스 사이공〉을 봤는데
참 재미있더군요!

A Where can I get tickets for the concert?
B "티켓 팝니다"라고 쓰여진 곳에서요.

A Do you think it is sold-out?*
  sold-out = 매진된
B 어제 여기에 티켓 사러 왔었는데.

A And did you get some?
B 네, 제 생각엔 아직도 티켓이 있을 것 같아요.

A That's great. I should take the night off.
B 그건 좋은 콘서트고, 특별한 초대손님이 있어요.

A If I could get tickets, I would be happy.
B 티켓 파는 남자가 지금 저기에 있네요.

A Great. My friend said she really wants to go.
B 뭐 특별한 날인가요?

A No, but I promised I would take her.
B 재미있을 것 같아요.

A It should be nice going together.
B 공연에서 아름다운 밤을 함께하는 건 좋죠.

A Yes. I love living in a big city with many shows.
B 매표소가 닫기 전에 가는 게 좋을 것 같아요.

사실 콘서트 가는 거나 음식점 찾는 거나 다 그게 그거 아닌가요? 직접 부딪혀 보면 어려울 게 없습니다.

DAY-28

티켓도 사고 **콘서트장**에서 처음 만난 사람과 친구도 되고.

부분을 영어로 생각해 보세요

A 어디서 콘서트 티켓을 살 수 있나요?
B The place where it says "tickets for sale"

A 매진일 거라 생각되시나요?
B I was here to buy tickets yesterday.

A 그러면 좀 사셨나요?
B Yes, I did. I am thinking there are still tickets.

A 좋아요. 오늘밤은 일을 쉬어야겠어요.
B It's a good concert and there is a special guest.

A 티켓을 구할 수 있다면 기분좋겠어요.
B The man who sells tickets is there right now.

A 좋아요. 제 친구가 정말로 가고 싶다고 했어요.
B Is it a special occasion?*

occasion
= 경우, 때,

A 아니오, 하지만 데리고 온다고 약속했거든요.
B Sounds like it will be fun.

A 함께 가면 좋을 것 같아요.
B It's nice sharing a lovely night at the show.

A 네, 저는 공연이 많은 큰 도시에 사는 게 너무 좋아요.
B You should go before the ticket booth* closes.

booth
= 매대, 노점

자신감 있게 대화하다 보면 어느새 미국인도 내 친구!

쇼핑 좋아하시죠?
그럼 이번엔 쇼핑에 빠져 볼까요?

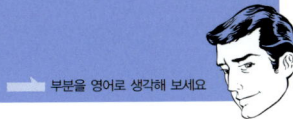

부분을 영어로 생각해 보세요

- A Hello, sir. how much do these shoes cost?
- B 30달러입니다.

- A Are there any cheaper shoes?
- B 네, 있습니다. 바로 저기예요.

- A I came to find something cheap.
- B 내일이 세일입니다.

- A I was hoping to find something today.
- B 제가 카탈로그 가져다 드릴게요.

- A Sure, I can take a look.
- B 제가 도울 수 있다면 기쁠 것 같아요.

- A Can you get me this pair in a size 7?
- B 가져다 드릴게요.

- A While I wait, I will be looking around.
- B 사이즈 7, 여기 있습니다.

- A Thank you. I will try them on.
- B 맞나요?

- A Yes. It's great finding a pair of shoes that fit.
- B 전 손님들을 돕는 게 좋습니다.

미국이나 영국에서는 신발 사이즈를 말할 때 250, 260이 아닌 7, 8 뭐 이렇게 부르는 것 아시나요?

신발 살 줄 알면 옷은 더 쉽습니다.
신발 사이즈 말하기가 옷에 비해 조금 어렵거든요.

부분을 영어로 생각해 보세요

A 안녕하세요, 선생님. 이 신발 얼마 하나요?
B They are 30 dollars.

A 더 싼 신발은 없나요?
B Yes, there are. Just over there.

A 전 싼 것 찾으려고 왔어요.
B It will be a sale day tomorrow.

A 전 오늘 뭔가 찾고 싶었어요.
B Let me get you our catalog.

A 좋습니다. 제가 한번 볼게요.
B If I could help you, I would be happy.

A 이 신발로 7사이즈 가져다 주실 수 있나요?
B Let me get those for you.

A 기다리는 동안 둘러볼게요.
B Here you are, size 7.

A 고맙습니다. 한번 신어 볼게요.
B Do they fit?*   fit = 맞다

A 네, 맞는 신발을 찾으니까 좋아요.
B It's great helping my customers.*   customer = 손님

뿌듯하지 않으세요? 이제 쇼핑도 하나 어렵지 않습니다.

하나같이 다른 사이즈

럭비를 하던 고등학교 시절, 영국에서 옷을 사면 전 항상 라지(L) 사이즈를 사곤 했습니다.

중학교 때 이후로 한국에 한번도 와 보지 않다가 고2 방학때 오랜만에 고국을 찾게 되었습니다. 부모님은 저를 데리고 쇼핑을 하러 백화점에 가셨지요. 이곳 저곳 둘러보다가 캐주얼 의류 매장에 들어가게 되었습니다.

맘에 드는 셔츠가 있길래 한번 입어 보자고 하고 라지를 달라고 했더니 저희 어머니와 가게점원 모두 놀라며 라지는 너무 작을 거라고 하더군요. 그래서 저는 라지도 사실 약간 넉넉하다고 얘기하고는 입어 보았습니다.

아니나 다를까, 라지 사이즈 셔츠가 저에게는 쫄티가 되어 버렸지요. 그 자리에서 점원 아가씨도 저희 부모님도 한바탕 웃었던 기억이 납니다. 놀라운 건 엑스라지(XL)도 꽉 껴서 결국 그 가게에서는 아무 옷도 사지 못하고 나왔다는 겁니다. 그날 이후로 나라마다 사이즈가 다 다르다는 것을 알게 되었습니다.

그 후 미국에 가 보니 거기서는 영국보다도 사이즈가 크더군요.

여러분도 해외에 나가시면 사이즈를 눈으로만 확인 마시고 꼭 입어 보시기 바랍니다. 안 그러면 저처럼 라지 쫄티를 입으셔야 할지도 모르니까요.

한국형 XL사이즈가 작던 시절, 럭비팀의 모습입니다. Jay는 어디에?

DAY-29 일차

자, 28일차까지 다양한 상황을 말해 보았습니다.
오늘은 상황별 대화의 마지막, 아니 〈3030 English〉 실전대화편의 마지막 대화로 **슬랭영어**를 다뤄 보려고 합니다.
사람들이 하도 슬랭 슬랭 하니까 궁금하셨죠?
오늘은 그 궁금증도 풀어 보고 직접 말하며 슬랭을 배워 보도록 하겠습니다.

마지막 대화인 만큼 **모두 파이팅 하세요!**

DAY 29

모르는 말을 들으면 당연히 **당황**스럽죠?

부분을 영어로 생각해 보세요

A How's it going, John?
B 괜찮아. 별 일 없지?

A Did you wanna hang out this weekend?
B 물론. 맥주나 한잔 하자.

A Maybe before that we can go and catch a flick.*
B 그거 멋진 아이디어 같은데.

catch a flick = 영화 보다

A Should we invite some other friends?
B 음, 나는 현찰이 부족해.

A I can lend you a few bucks.*
B 정말로? 그러면 좋지.

buck = 달러

A Don't sweat it.* I just got paid.
B 난 여자친구를 초대하려고.

sweat it = 걱정하다

A I will bring my boyfriend, too.
B 우리 끝나고 잭네 집에 들를까 봐.

A Yes, I heard he was having a party.
B 맥주통이 몇 개는 있을 거야.

A Nice.
B 그럼 영화 끝나고 파티 하러 가자.

좀 당황스러우신가요? 하지만 슬랭도 자꾸 듣다 보면 귀에 익숙해지니까 걱정 마세요!

촌티 내지 말고 슬랭으로 떠들어 볼까요?

▶ 부분을 영어로 생각해 보세요

A 존, 잘 지내니?
B It's going well. What's up?

A 이번 주말에 놀고 싶었니?
B Sure, we can go grab* a beer.

grab = 움켜잡다

A 그전에 영화를 볼 수도 있어.
B That sounds like a cool idea.

A 다른 친구들을 초대할까?
B Well, I'm a little short for cash.

A 내가 몇 달러 빌려 줄 수 있는데.
B Really? That would be awesome.

A 걱정 마, 나 막 월급 받았어.
B I will invite my girlfriend.

A 나의 남자친구도 데리고 올게.
B Perhaps we can swing by* Jack's after.

swing by = ~에 들르다

A 응, 걔가 파티를 한다고 들었어.
B There will be a few kegs.*

keg = 생맥주 담은 나무통

A 좋았어.
B Then, let's go partying after the show.

남의 기분을 상하지 않게 하는 슬랭만 모았으니까 걱정 말고 말하세요.

DAY·29

이제 마지막 대화문입니다.
근데 왜 제가 **섭섭하죠?**

부분을 영어로 생각해 보세요

A The concert last night was classic.*   classic = 훌륭한
B 응, 엄청 좋았지.

A You were bang-on* when you said it'd be good.   bang-on = 정확히 맞은
B 난 밤새 허공에 기타 치는 흉내를 냈지.

A Especially since we pulled an all-nighter.
B 응, 나 집에 가서 완전 쓰러졌어.

A Me too. Today is a bad hair day.*   a bad hair day = 외모가 별로인 날
B 과장하지 마, 넌 괜찮아 보여.

A You're the best, thanks.
B 우리 스테이지 뒤편에 갈 뻔한 거 기억 나?

A Of course, but the band members were real airheads.*   airhead = 바보
B 우린 아마 걔네들한테 꺼지라고 했을걸.

A I agree. Boys in bands are stuck up.*   stuck up = 거만한
B 네가 무슨 말 하는지 알아.

A Hey, tomorrow is the booze cruise.*   booze cruise = 배에서 술을 무진장 마시는 것
B 우리 가서 콘서트 사진 자랑하는 것 어떨까?

A Definitely!
B 이따 보자.

슬랭 맛만 보세요! 너무 빠지진 마시고요.

DAY·29

슬랭이라고 다 나쁜 것만은 아닙니다.
구어체에서 빈번히 쓰이는 슬랭도 많습니다.

▬ 부분을 영어로 생각해 보세요

- A 어젯밤 콘서트는 완전 좋았어.
- B Yes, it was amazing.

- A 네가 좋을 거라고 한 말은 적중했어.
- B I was playing air guitar* all night.

  air guitar = 허공에 기타 치는 시늉

- A 특히 우리는 밤새 놀았잖아.
- B Yeah, I crashed* when I got home.

  crash = 쓰러지다

- A 나도야. 오늘 외모가 별로인 날이야.
- B Oh, don't be a drama queen,* you look fine.

  drama queen = 허풍선이, 오버쟁이

- A 네가 최고야, 고마워.
- B Remember, we almost got back stage?

- A 물론, 근데 밴드 멤버들은 전부 얼간이었어.
- B We probably would have told them to bugger off.*

  bugger off = 꺼지다

- A 동의해. 밴드의 남자들은 거만해.
- B I know what you're saying.

- A 야, 내일은 배 위에서 무진장 마시는 날이야.
- B We should go and show off our concert pics.*

  pic = 사진 (picture)

- A 물론!
- B See ya.

자주 들어 보지 않아 어색한 것뿐입니다. 특별히 어렵지 않으니 자꾸 반복해 보세요.

프랑스는 음주운전 검사가 없나요?

영국에서 고등학교 선택과목으로 프랑스어를 택했던 저는 방학 때마다 프랑스에 가서 프랑어를 공부하곤 했습니다. 프랑스의 시골에서 지내며 프랑스인들이 얼마나 와인을 사랑하는지 알게 되었죠. 예를 들어 점심 때나 저녁 때 식사를 하면 꼭 와인을 한잔 마시게 됩니다. 제가 알던 프랑스인은 수프에 와인을 타서 마시기도 하고 빵도 와인에 찍어 먹고 와인을 물 대신 마신다는 생각이 들 정도로 시도때도 없이 마시더군요. 그리고 제가 머물던 프랑스 가정은 일주일에 한번 정도 드럼통을 가져가서 와인을 받아다가 마시곤 했습니다. 정말 와인을 우리 보릿물 마시듯 하더군요. 그리고 놀라운 것은 정작 프랑스인들은 와인잔 잡는 방법이나 주도에 크게 관심이 없는 듯 보였습니다.

아마 프랑스인들이 한국사람 와인 마시는 거 보면 너무 예의가 바르다고 놀랄지도 모릅니다.

어찌됐던 저는 프랑스에 있으면서 항상 궁금했던 것이 있었습니다.

이렇게 모두가 시도때도 없이 와인을 마시는데 음주운전 검사는 안 하나 하고 말입니다.

DAY-30 일차

아쉽지만 이제 〈3030 English〉 실전대화편의 마지막 날입니다.
1, 2탄 독자들에게 감사메일 다음으로 많이 받는 것이 "선생님, 책 끝나고 무엇으로 어떻게 공부할까요?"라고 묻는 내용이었습니다.
그래서 실전대화편의 마지막 날인 오늘, 주변에 흔히 있는 책이나 테이프를 이용하여 **손쉽고 저렴하게 영어공부하는 방법**을 알려 드리고자 합니다.

어때요? 좋으신가요?

DAY-30

김지완이 제안하는 무한 영어공부 방법, 하나

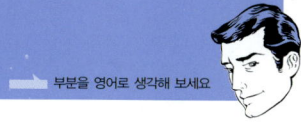 부분을 영어로 생각해 보세요

주변에 있는 초등학생의 국어책을 하나 빌려서
그 책의 한글로 된 부분을 영어로 바꿔 말하는 연습을 해 봅니다.
물론 1학년부터 6학년까지 순서대로 하면 도움이 되겠죠?

철수야 안녕?

안녕 순희야. 너 내 강아지 바둑이 봤니?

아니. 왜?

바둑이 정말 귀엽다. 정말?

한번 봐도 되니?

뭐 이런 간단한 내용들을 영어로 바꿔 말해 보는 연습을 하는 것입니다.
말해 보다 막히는 문장이 있으면 단어도 찾아보고 또 정 모르겠으면 주변에 영어 잘하는 사람의 도움을 받아 바꿔 말해 보면
이것보다 쉽고 좋은 영어 공부방법이 없다는 것을 알게 되실 것입니다.
실제로 과거에 제가 이런 방법으로 수업을 진행했던 적이 있었는데
수강생들의 반응이나 결과 모두 폭발적이었습니다.

〈3030 English〉에서처럼 영어로 직접 많이 말해야만 하는 방법이라 그 효과가 뛰어납니다.

김지완이 제안하는 무한 영어공부 방법, 둘

이것은 아주 단순한 방법이라 이미 다 알고 계실 테지만
너무나 쉽고 훌륭한 것이라 다시 한번 확인하고 실천해 보시기 바랍니다.
우선 누구나 집에 영어학습 테이프는 많이 가지고 계시죠?

같이 딸려 나온 책은 없어도 상관 없습니다.
그냥 그 테이프를 듣고 아무 생각 없이 매일 30분씩 성대모사하듯 따라 말하면 됩니다.
이때 한 테이프로 반복해서 말하다가
입에 너무 익숙하다 싶으면 테이프를 바꿔서 하면 되겠습니다.
혼자 공부하는 방법 중에는 아직까지 테이프를 듣고 따라 말하는 것보다
좋은 것이 없음을 기억하시고 열심히 하시기 바랍니다.
짧으면 2주 아무리 길어도 1달만 이렇게 하면 이 방법이 얼마나 효과적인지
본인 스스로 알 수 있습니다.

그동안 괜히 샀다고 후회했던 영어학습 테이프들, 알고 보니 다 쓸모 있지 않습니까?

DAY-30 김지완이 제안하는 무한 영어공부 방법, 셋

많은 분이 〈3030 English〉 1, 2탄이 끝난 후 마땅히 볼 만한 책이 없다고들 하십니다.
그만큼 시중에는 말하기 연습을 시켜 주는 책이 없다는 말이기도 합니다.
이런 메일을 받으면 저는 항상 같은 답장을 해 주곤 합니다.
책이 중요한 게 아니라 방법이 중요하다고.
어떤 영어책이고 그 책에는 영어본문과 한글번역이 있습니다.
그 책들 역시 〈3030 English〉에서 했듯 손으로 **영어본문을 가리고 한글번역 부분만 보면서 영어로 바꿔 말해 보면 영어학습이 절로 됩니다.**
어떤 책이든 〈3030 English〉에서 학습하셨던 방법으로 자꾸 말해 본다면 유용할 것입니다.
항상 기억하세요! 영어를 잘하기 위해서 영어 공부를 하시는 분들은
적어도 하루에 50마디 이상은 입 밖으로 소리 내어 말해야 한다는 사실을.

책보다 중요한 것은 방법입니다. 많이 말해 본다면 어떤 책도 어떤 강의도 유익하지 않을 수 없을 것입니다.

DAY-30 김지완이 제안하는 무한 영어공부 방법, 넷

▶ 부분을 영어로 생각해 보세요

마지막으로, 제가 가장 추천하는 것은 원어민 수업입니다.
원어민 수업을 듣는 많은 분들이 하시는 말씀 중 하나가
학원에 왔다갔다는 하는데 과연 실력이 느는지 모르겠다는
것입니다. 당연히 왔다갔다만 하면 실력이 절대로 늘지 않습니다.
학원에 가서 앉아 있기만 해도 영어가 늘면 좋겠지만
그것은 있을 수 없는 일입니다.
원어민 수업시간에도 〈3030 English〉에서처럼 말을 많이 해야 합니다.
원어민 선생님의 물음에 단답형으로 답하지 말고 서술형으로
가능한 한 길게 길게 말해 버릇하면 자기도 모르는 사이에
영어 실력이 향상될 것입니다. 원어민 수업에서도 역시
핵심은 본인이 입을 열어 직접 말해 보는 것입니다.
꼭 기억하세요! 그냥 가서 원어민의 강의를 듣고만 오면
영어 실력이 늘지 않는다는 것을.

학원에 가서 원어민 얼굴만 보고 있다고 영어실력이 향상되지 않습니다.
꼭! 꼭! 꼭! 하루에 50문장 이상 직접 말하세요!

늘지도 않을 공부, 그냥 한다

저는 항상 학원 개강 첫날, 각 반을 돌며 수강생들에게 물어 봅니다.
"영어실력이 향상될 것을 기대하고 학원에 등록하셨죠?"
그런데 예상 외로 그런 기대 없이 왔다고 하는 수강생들이 절반 이상입니다.
참 이상한 일입니다. 학원에 수강료와 시간을 투자하고 어렵게 왔는데
막상 영어 실력이 향상될 거라 기대하지 않는다는 수강생들.
아무래도 중, 고등학교에서 이미 6년이나 공부해도 할 수 없었던 영어이기
때문에 대부분의 여러분이 포기한 듯 싶습니다.
아직도 그런 분들이 계신 것은 아니겠죠?
영어실력이 좋아질 거라 굳게 믿고 열심히 공부해야 실력이 좋아집니다.
그냥 막연하게 학원이나 학교 왔다갔다하듯 이 책을 보신다면
중, 고등학교 때 6년 공부해도 별 성과를 거두지 못했던 영어수업과
별 차이가 있을 리 없습니다.
오늘은 마지막으로 영어 정복 성공할 수 있다는 다짐을 한번 해볼까요?

영어 잘할 수 있다고 생각하는 사람만 잘할 수 있다.

Appendix_Review

DAY-1

A: Hi, Jay! What are you doing?
B: I am doing my homework.

A: Who's your English teacher?
B: He is a fat guy, but I don't know his name yet.

A: I think you are talking about Mr. Jones.
B: Yeah, that's him.

A: I think he is a good teacher.
B: I don't know yet.

A: Does he give you a lot of homework?
B: He hasn't given me any homework yet.

A: Really? That's unusual.
B: We only had one class.

A: He gave a lot of homework last semester.
B: I'm so worried.

A: Don't worry, you will get used to it.
B: I don't like doing homework.

A: Neither do I.
B: I think it's gonna be a tough semester.

A: Did you watch the soccer game yesterday?
B: No. I went to bed early.

A: Really? It was a great match.
B: Who played?

A: It was Chelsea versus Liverpool.
B: You are a Man U fan. Why did you watch that match?

A: It was the FA cup final. You know I love soccer.
B: What time was the match? You look really tired.

A: It started at 1 a.m. It was 4 p.m. in England.
B: What's the time difference between Korea and England?

A: Korea is about 9 hours ahead of England.
B: So what was the result?

A: Chelsea won easily. Lampard scored 5 goals.
B: Really? Was it five to zero for Chelsea?

A: No. Even worse. It was seven to zero for Chelsea.
B: Were all the Liverpool players injured?

A: No. Every first team member played, but they all looked so tired.
B: There are too many games in Premier League and that makes players very tired.

DAY-2

A: Jay, how many people are there in your family?
B: There are four people in my family.

A: Do you have a handsome brother by any chance?
B: No, but I have a beautiful sister.

A: Do you have any pets?
B: Yes, there are many dogs in my house.

A: Wow! Really? How many?
B: Probably more than twenty.

A: Is there a zoo in your house?
B: No, but there is a vet.

A: Who? Your dad?
B: No, my uncle is a vet.

A: But you said there are only four people in your family.
B: Did I say that?

A: So how many people are there in your family?
B: There are five, including my uncle. I am sorry.

A: Why don't you ask me about my family?
B: How many people are there in your family?

A: Jay, where is your university?
B: It's in Michigan.

A: Are there many hot girls?
B: No, I haven't seen any yet.

A: That's terrible. How about good bars?
B: There are many bars in Michigan.

A: I'm sure there are many bars, but is there a good one?
B: Yes, there is a good one, but I can't remember the name.

A: Come on, tell me the name.
B: Why? Are you planning to come to Michigan?

A: Yes, I am going to visit you this summer.
B: Really? That's awesome! Are you coming alone?

A: Of course. I have to go bar hopping with you.
B: We can go clubbing, too.

A: Is there a club in Michigan?
B: Of course, there are three clubs around my house.

A: Sounds great. Let's party all night.
B: Yes, it's going to be fun.

DAY-3

A: Jay, what time is it?
B: Let's see, it's eleven o'clock.

A: Aren't you going for a medical checkup today?
B: No, I had it yesterday.

A: Really? Did you measure your height and weight?
B: Yes. Please don't ask.

A: Come on, what's your height?
B: You are really bugging me. It's 180 centimeters.

A: Wow! You are tall. What's your weight?
B: It's 85 kilograms.

A: You are so heavy.
B: I know. I will go on a diet.

A: Is the hospital far from here?
B: No. It's about 5 kilometers from here.

A: That's good. I could drive my new car there.
B: A new car? What car?

A: It's a secret. I will bring it to school tomorrow.
B: Is it over twenty thousand dollars?

A: How much is this fountain pen?
B: It's 15 dollars and 30 cents.

A: Wow! It's really expensive. What's so special?
B: It's very light and waterproof.

A: Are you sure it's waterproof?
B: Of course. That's why it's the most expensive.

A: Is it still raining outside?
B: I don't know for sure, but the forecast said it would rain until tonight.

A: Then can I take it outside and see if it's really waterproof?
B: That's not possible. You have to pay first.

A: How much is it again?
B: It's 13 dollars 20 cents.

A: You said it was 15 dollars.
B: I am sorry. I will check again. It's 13 dollars 20 cents.

A: I am sure you told me a different price a few minutes ago.
B: I am sorry. This pen is on sale.

A: So is 15 dollars the original price?
B: To be precise, it's 15 dollars 30 cents.

DAY-4

A: Is there a DVD player in your house?
B: No, but there is a playstation.

A: Can you watch DVDs on playstation?
B: Yes. You can play games and watch DVDs.

A: How much is it?
B: It's about 150 dollars.

A: What? It's cheaper than my DVD player.
B: I am sure there are more functions in your DVD player.

A: I don't need many functions. Is it light?
B: Yes. It's very light and small.

A: Where did you buy it?
B: I bought it from Wal-mart.

A: Is it far away?
B: No, it's about a 10 minute drive from here. Are you driving there?

A: No. I don't drive nowadays. Gas is so expensive.
B: How much is it per liter?

A: It's about ten dollars per liter.
B: It's more expensive than a cab.

A: Jay! How's the weather?
B: It's sunny.

A: Really? Do you want to play soccer?
B: Sure. Is there a soccer ball in your garage?

A: There are some tennis balls, but there is no soccer ball.
B: Then where can we borrow one?

A: We can borrow one from Mike.
B: How far is Mike's from here?

A: It's about a mile away from here.
B: Really? Then let's just take a cab there.

A: I don't have any money with me. Let's just walk.
B: I think it's going to rain. Let's just take a cab.

A: Don't worry, it's scorching hot. It's not gonna rain.
B: Are you sure? Then let's walk.

A: By the way, how much is the taxi fare to Mike's?
B: It's probably under 10 dollars.

A: Are there many taxies in this area?
B: Sure. There were five cabs in front of my house yesterday morning.

DAY-5

A: What happened? Did you break your arm?
B: Yes. I was hit by a car yesterday.

A: Does it hurt?
B: Yes. It hurts so much.

A: Were you hit by a big truck?
B: No. I was hit by a sedan.

A: Were you shocked?
B: Yes, I was really shocked.

A: So, did the driver take you to the hospital?
B: No, I fainted after I was hit and he ran away.

A: That's terrible. So who took you to the hospital then?
B: Luckily, I was taken to the hospital by a cop.

A: Was the driver arrested?
B: No, not yet. I am sure he will be arrested soon.

A: I hope so, too. By the way, are you prepared for the test?
B: What test?

A: Are you serious? We will be given a final test today.
B: We've just finished midterm exams.

A: Whose painting is this?
B: This is painted by Picasso.

A: Really? Was this really painted by Picasso?
B: Of course not. This is an imitation.

A: That's what I thought.
B: I love paintings by Picasso.

A: Who doesn't? Picasso's paintings are loved by everyone.
B: Are you interested in paintings then?

A: Sure. I love paintings.
B: I didn't know you like paintings. I am amazed.

A: Actually, my older sister is an artist.
B: You mean Susan?

A: Yes, she majored in art.
B: Is she married?

A: Yes. She is married to John.
B: Did she propose or was she proposed to?

A: Of course, she was proposed to.
B: Was I invited to the wedding?

DAY-6

A: Jay! Where were you yesterday?
B: I went to Tim's party.

A: Were there many people from out of town?
B: Of course. There were even some foreigners.

A: Did you have fun?
B: Sure. I was asked for a dance by a british girl.

A: You are such a lucky guy. How was the weather there?
B: It snowed.

A: Wasn't it a garden party?
B: Yes, but luckily there was a bar right next to the house, so we moved over there.

A: How many people were there?
B: There were so many people. I couldn't count.

A: I bet. Tim has so many friends.
B: Why didn't you come yesterday?

A: Because I wasn't invited.
B: I wasn't invited, either. I just went with Amy.

A: Damm it! I should've been there.
B: People were asking about you.

A: What are you watching?
B: I am watching the Premier League.

A: Why are there only nine players in blue jerseys?
B: One player was sent off, so there are only 9 players.

A: Really? Why?
B: He was given two yellow cards.

A: Why isn't Beckham playing?
B: Because Beckham is playing in the U.S.A.

A: I see. Beckham is the only player I know.
B: In fact, Beckham is the most well known player.

A: He is so cool. By the way, is it raining in England?
B: Yes. It's raining heavily.

A: What's the score?
B: It's three all.

A: Exciting! Let me watch.
B: I am surprised that you are watching a soccer game.

A: I am interested in soccer nowadays.
B: I have to take medicine at seven. What time is it now?

DAY-7

A: Jay! What did you do yesterday?
B: I went to the library to study for the final exam.

A: Really? I was there, too. How come I didn't see you?
B: I was on the third floor to study by myself.

A: That's why I didn't see you.
B: What did you do there?

A: I went there to do my science homework.
B: Science is too hard. I want you to help me with my science homework.

A: You haven't done it yet?
B: No, not yet.

A: Are you coming to the library today?
B: Yes. Can you come to the third floor to help me?

A: Sure, what time?
B: I will be there by seven. I don't want to go too early.

A: Why don't you come earlier to book a room?
B: Shall I? I don't know when to go.

A: You should go there before five to get a good spot.
B: I will see you this evening then.

A: Did Amy come to see you yesterday?
B: No, but Jenny came to see me.

A: Did she ask you to go to the prom with her?
B: No, she just came to have dinner with me.

A: I want Tony to come to the prom with me.
B: Really? I don't care. I am going with Jane anyway.

A: What are you going to wear?
B: I have nothing to wear.

A: What about your dad's suits?
B: His suits are too big to wear.

A: Shall we go shopping?
B: I don't have any money to buy clothes.

A: So what are you going to do?
B: I am going to ask Mike to lend me some money.

A: I tried to borrow from Mike, but he said no.
B: I asked him today and he said yes.

A: Are you sure?
B: Yes, he promised to lend me some money.

DAY-8

A: Jay, How much is your new car?
B: It's a secret, but it's not over 50 thousand dollars.

A: Fifty thousand dollars? That's expensive. Is there navigation in it?
B: Yes. It's made in Germany.

A: I am surprised. German navigation is the best.
B: The stereo is made in England.

A: Really? What else?
B: Well... the tires are made in Italy.

A: Did you come to my house just to show off?
B: No. I came to go for a drive with you.

A: I am sorry, but I was asked to babysit my younger sister.
B: Is there anyone else home?

A: No, just me and my sister.
B: That's too bad. I wanted to go for a drive with you.

A: How about tomorrow?
B: I can't tomorrow. I promised my uncle I'd visit him.

A: Can I come with you?
B: Sure. What time shall we go?

A: Why did you come to school?
B: I was asked to come.

A: Who asked you to come?
B: Mr. Jones told me to come.

A: He told me to come, too.
B: Is there anyone else here?

A: There are hundreds of students in the gym.
B: I am worried.

A: What's the date today?
B: It's the twenty-first of December.

A: I see. I think it's his birthday today.
B: So we came to celebrate his birthday?

A: I guess, since he has no family.
B: So Mr. Jones called the whole class to celebrate his birthday?

A: I am not sure, but he is crazy enough to do that.
B: If so, he is insane.

A: Let's just wait and see.
B: Look! There is Mr. Jones.

DAY-9

A: Hi, Jay. You look great today.
B: Thank you for coming to my party.

A: You know I like drinking and dancing.
B: Drinking too much is not good for your health.

A: Stop worrying!
B: Have you finished writing the book?

A: No, not yet. I am still working on it.
B: I am interested in publishing a book, too.

A: A novel?
B: No. I am thinking of writing an ESL book.

A: Have you decided on the title?
B: Yes. It's 3030 English.

A: 3030 English? What does that mean?
B: It means "study 30 minutes every day for 30 days".

A: You are good at naming books.
B: I also think I am talented in naming books.

A: Do you mind naming my book?
B: Sure. Naming books is a lot of fun.

A: Do you think smoking is good?
B: No. I've never thought smoking was good.

A: Then why don't you quit smoking?
B: I am trying.

A: How about just quitting today?
B: My only hobby is smoking.

A: The world is changing. No one likes a smoker.
B: I am proud of having a friend like you.

A: What do you mean?
B: You never stop giving me advice.

A: I just enjoy giving advice to other people.
B: Anyway, thank you for telling me.

A: You know how harmful cigarettes are.
B: Sure. I regret starting it.

A: Stop regretting and just quit!
B: I will quit by the end of this year.

A: Alright. How about going for a drink?
B: Do you really think drinking is good?

DAY-10

A: Excuse me, sir. Is there a hotel around here?
B: No, but there is one downtown.

A: How far is it to downtown?
B: It's about 15 minutes by bus.

A: Isn't it faster to take a cab?
B: Of course, but there aren't many cabs around here.

A: How much is the bus fare?
B: It's 5 dollars 30 cents.

A: I will walk. I don't have any change to take a bus.
B: It's too far to walk.

A: Where can I break a 100 dollar bill?
B: There is a convenience store in that gas station.

A: That's brilliant. Do you mind driving me to the gas station?
B: Of course not. Hop in.

A: Are you from this town?
B: No, I came to visit my uncle.

A: Anyway, thank you for driving me.
B: Good luck finding the hotel.

A: Jay! Help me with my homework.
B: Stop bugging me. There are too many people asking me for help.

A: You promised to help me.
B: Maybe I was forced.

A: No, I bought you drinks the other night.
B: I must have been drunk.

A: Maybe. You even danced with fat Jane.
B: No, I didn't.

A: Ray and Chris were there. Do you want to call and ask?
B: Forget about it. Let me just help you with your homework.

A: It's not easy writing an essay for the literature class.
B: So? Are you asking me to write?

A: Not really. Just help me write it.
B: How can I help you write it?

A: You can proofread once I finish writing.
B: Will I be rewarded for this?

A: Sure. I will ask fat Jane to come and dance with you.
B: Shut up! Stop talking about her.

DAY-11

A: When did he say he was coming?
B: He said he would be here by 3 p.m.

A: Really? His dad told me he would be here by noon.
B: I don't know.

A: What shall we cook for dinner?
B: How about pasta? He told me he likes pasta.

A: Did he? His dad told me he likes curry.
B: That's strange. We talked on the phone yesterday.

A: What did he say exactly?
B: He said "I like Italian food the best, especially pasta."

A: That's what he said?
B: That's what I heard.

A: Did he say anything else?
B: He also asked how old I was.

A: So did you tell him your age?
B: Yes. I told him I was 20.

A: You are 28. Why did you lie?
B: My dad used to say "Always lie about your age."

A: Why are you crying, Amy?
B: My boyfriend said I was too fat.

A: Did he actually say that?
B: Yes, and he also told me he wanted to break up.

A: So what did you say to him?
B: I told him I still loved him.

A: Then what did he say?
B: He said "I am too handsome and you are too ugly."

A: He is mean.
B: That's not even it. He told me he already had a new girlfriend.

A: He is bad. Forget him.
B: How can he do this to me? Last week he told me I was the most beautiful girl in the world.

A: All men are liars.
B: You know, he even asked me to marry him.

A: Of course I do, but it doesn't make any difference.
B: I will wait for him.

A: It's a waste of time. Get a new boyfriend.
B: No, he said he loved me!

DAY-12

A: Where is the bank?
B: My mom told me it was around here.

A: I am calling Simon.
B: Why? Are you going to call him and ask?

A: No, I am going to ask him to come.
B: What did he say?

A: He said he is too busy to come.
B: What are we going to do now?

A: He said there wasn't a bank around here.
B: Really? My mom said it was around here.

A: Stop talking about your mom.
B: Why not? My mom used to live here.

A: So what? That's more than 20 years ago.
B: What time is it now?

A: It's two o'clock. Why?
B: Because I am calling her to ask.

A: I told you to stop talking about your mom.
B: My mom said "Always ask your mom."

A: Did she say she didn't do her homework?
B: Yes, she said she was too busy drinking.

A: What? She is underage.
B: She often drinks at home.

A: Are there any adults in her house?
B: No.

A: Does she live alone?
B: No. She lives with Mike.

A: Are you sure?
B: Yes. She is married to Mike.

A: When was her wedding?
B: It was last Monday.

A: Why wasn't I invited?
B: Only their families were invited.

A: Were you invited?
B: She asked me to come, but I didn't go.

A: Why not?
B: Because she told me to bring an expensive gift.

DAY-13

A: I have a stomachache.
B: If I were you, I would go to the hospital.

A: If I had a car, I would go.
B: Why don't you take a cab?

A: I don't have any money. Can you lend me some?
B: If I had money, I would lend you some.

A: I feel really sick.
B: If we lived near the hospital, we could walk there.

A: Does Jack have a car?
B: Yes, and if he were home, he would take you there.

A: Where is he?
B: I don't know. If I knew, I would call.

A: Can you call an ambulance?
B: If I knew the hospital number, I would call.

A: Are you stupid? It's 911.
B: Why don't you do it yourself?

A: If I could, I would.
B: Okay. I will.

A: What time is it, Jay?
B: If I had a watch, I would tell you.

A: If I were you, I would wear one.
B: I don't have one. How about you?

A: I lost mine.
B: Why don't you buy a new one?

A: If I had more time, I would.
B: If I were you, I would buy it online.

A: Is it possible?
B: Sure. You can buy everything online.

A: But I am not very good with computers.
B: If I were you, I would learn.

A: If I could, I would.
B: Why not?

A: I told you, I don't have time.
B: If I were you, I would prioritize my time.

A: I am prioritizing my time.
B: If you really prioritized your time, you could learn.

DAY-14

A: How's the weather, Jay?
B: It's raining.

A: If it were nice, we could go to the new shopping mall.
B: Isn't there a new shopping mall around here?

A: Yes, it's the best place for shopping.
B: If I had a car, I would drive there.

A: Don't you have a car?
B: My car was stolen last week.

A: That's terrible. Where was it stolen?
B: It was stolen from in front of your house.

A: Did you report it to the police?
B: Yes, the policeman said it often happens in your town.

A: Really? I didn't know.
B: Help me find the thief.

A: If I were a cop, I would.
B: Come on, there is a thief in your neighborhood.

A: So what? Nothing has been stolen from me.
B: Are you really my friend?

A: I am going to the library.
B: Why are you going there?

A: I am going there to study.
B: If I were you, I would study at your house. It's so good.

A: My dad said "It's better to study in the library."
B: My mom said "It's best to study at home".

A: There are too many distractions in my house.
B: What distractions?

A: I am always asked to do the chores.
B: Does your mom ask you to do them?

A: No, my grandma does.
B: Do you live with your grandma?

A: You didn't know? There are five people in my family.
B: Isn't it good living with your grandma?

A: Well, I guess it's better than living with my grandad.
B: Do you have a gandpa, too?

A: Yes. He lives in Toronto. I don't like him.
B: My grandpa told me to respect my elders.

DAY-15

A: Do you know Mike?
B: Are you talking about Mike who lives in Seoul?
A: No, not that Mike.
B: Who are you talking about?
A: He has a dad who is a dentist.
B: Is he the one whom I met yesterday?
A: Where did you meet him?
B: I met him at the cafe where I work.
A: Is it the cafe that I used to work for?
B: No. It's where Jane used to work.
A: Did you see Sarah whom Mike is engaged to?
B: No, but I saw a woman who looked like his mom.
A: What did Mike drink?
B: Why are you so interested? Are you stalking him?
A: Actually, I am interested in his brother who goes to the same school as me.
B: Really? Is he the one who has a pony tail?
A: How do you know?
B: Because he is the guy whom my sister used to go out with.

A: What do you usually do in your free time?
B: I go visit my grandpa who lives in L.A.
A: Do you mean L.A. which is in America?
B: Of course.
A: Isn't it expensive?
B: Didn't you know? I have a cousin who is a flight attendant.
A: Really? Is she beautiful?
B: Yes. She is really beautiful.
A: Can you introduce me?
B: Sure, but she has a boyfriend who is a kickboxer.
A: Then forget about it.
B: How about Jane who lives next door?
A: Is she the girl who drives a Porsche?
B: Yes, she has a Porsche which costs 80 thousand dollars.
A: Do you know her?
B: No, but I know her brother who lives in LA.
A: So are you going to introduce me to Jane?
B: I will think about it.

DAY-16

A: What time is it?
B: It's three o'clock.

A: Are there many people in the cafeteria?
B: There are a few people.

A: Did you go there to eat lunch?
B: No, I went there to see Mr. Jones.

A: Who is he?
B: Mr. Jones is the new manager who is in charge of the marketing team.

A: Isn't Mr. Wright in charge of the marketing team?
B: No. He was sent to the LA office 2 weeks ago.

A: Did he say anything before leaving?
B: He said "I will be back."

A: So why did you see Mr. Jones?
B: He asked me to help him with his project.

A: If I were you, I wouldn't help him.
B: But he is the man who is married to the chairman's daughter.

A: Are you sure?
B: Well, yesterday Charles said he was "a lucky guy".

A: Do you know David?
B: Are you talking about David who lives in Singapore?

A: No. I am talking about David whose wife is a nurse.
B: I see. You are talking about David who lives in Seoul.

A: Yes, that's him.
B: What about him?

A: He said he would merge our company.
B: Really? He is not that rich.

A: He is married to a nurse who happens to be a millionaire.
B: Wow! He went to the same university as me.

A: So do you know him well?
B: Of course. We were very close friends.

A: Do you still keep in contact?
B: We sometimes meet to talk about the good old days.

A: If I were you, I would call him more frequently.
B: Why? Do you want me to flatter him?

A: Just in case he really merges our company.
B: Don't worry. He always said I was smart.

DAY-17

A: Where do you live?
B: I live in a castle where kings used to live.

A: Do you like living in the castle where many people died?
B: Yes, that's why I am living there.

A: Are you serious?
B: Yes, that's why I bought the castle.

A: I don't understand why you like the castle.
B: I told you why I like the castle.

A: Do you really like living in a place where many people died?
B: Yes, that's why I paid a lot of money.

A: How much was it?
B: It was one point five million dollars.

A: It's too expensive. Are you serious?
B: I even remember the day when I bought it.

A: It's too expensive. How did you manage to buy it?
B: I don't know how I bought it.

A: Did you borrow any money?
B: I borrowed money from K bank where my friend works.

A: It's already a quarter past three.
B: That's why I was going to take a cab.

A: Where are we now?
B: We are still in Seoul where we first got on the bus.

A: This is not the way I wanted to go.
B: We are already late. What shall we do?

A: Let's get off at Sadang Station where we can take the subway.
B: That's a good idea. That way we can get there before the show ends.

A: How far is Sadang from here?
B: We are in Seocho now.

A: Seocho is the area where I used to live when I was young.
B: Really? Seocho is the area where many rich people live.

A: That was the time when I was rich.
B: I live in the town where I was born.

A: Where do you live?
B: I live in the town where Jisung Park is from.

A: Do you live in Gunpo?
B: No. Gunpo is the city where Youngpyo Lee is from.

DAY-18

A: Why are you staying inside?
B: I was told to stay inside.

A: Who told you that?
B: Mr. Lee told me to stay inside.

A: If I were you, I would go outside.
B: I want to go outside where my girlfriend is.

A: Who is your girlfriend?
B: She is the girl who is wearing red pants.

A: Is she the one who is playing baseball now?
B: Yes, she is the girl who I love.

A: What's her name?
B: Her name is Rim.

A: Is she from China?
B: No, she is Korean.

A: Are there many Korean people in your school?
B: No, but there are many people from Hong Kong.

A: There are many Hong Kong companies here.
B: That's the reason why there are many Hong Kong people here.

A: What happened to you?
B: I was fired yesterday.

A: Why were you fired?
B: I was late all the time and that's why I was fired.

A: Who fired you?
B: Mr. Johnson who just joined the company.

A: Were you given any retirement pay?
B: Of course not. I told you I was fired.

A: So what are you going to do?
B: I am going to America where I can start over.

A: That's cool. It's good starting over.
B: But I am worried.

A: Why?
B: Mr. Johnson said Americans don't like people who come late for work, either.

A: Who does?
B: Anyway, it's going to be fun living in America.

A: If I were you, I would go to England instead.
B: I don't like England where soccer is more important than religion.

Appendix_Review **211**

DAY-19

A: Oops, I dropped my pen.
B: Shoot! It's an expensive pen.

A: My mom bought it for my birthday.
B: Let me see. What a beautiful pen it is!

A: Do you know how much it is?
B: I don't know.

A: It's 500 dollars.
B: Good Heavens!

A: It was made in Germany.
B: Oh, that's surprising.

A: There are only seven of these in the world.
B: What a unique pen it is!

A: Do you like it?
B: Sure. I like collecting pens.

A: You can have it if you want.
B: What a surprise!

A: You are my best friend.
B: How kind!

A: Who is your favorite actress?
B: I like Jennifer.

A: Me too. What a sexy girl she is!
B: I have actually met her before.

A: Oh my God! Did you really see her face to face?
B: Yes. I saw her at a club.

A: Oh my goodness! How was she?
B: She was wearing a tank top.

A: How cute!
B: She danced all night.

A: Did you dance with her?
B: Come on. She is a star.

A: How foolish you are!
B: She was with her boyfriend anyway.

A: Damn it! She has a boyfriend?
B: She lives with that guy.

A: What a lucky guy he is!
B: Come on, you're married!

DAY-20

A: How many people are there in your chemistry class?
B: There are 50.

A: Wow! Amazing!
B: And the teacher is Mr. Smith who is the most strict.

A: What an unlucky girl you are!
B: I've decided to drop the class.

A: If I were you, I would take physics instead.
B: Is it fun attending physics class?

A: Hell no!
B: Why not?

A: It is boring!
B: Then why are you taking the class?

A: Because there are many girls in the class.
B: Gees! When are you going to grow up?

A: Let me tell you something, I was asked for a date yesterday.
B: How lucky!

A: She said I am her type.
B: It sounds much better than taking physics class.

A: Are you new here?
B: Yes. I came to study.

A: Where are you from?
B: I am from England.

A: That's the place where I met my wife.
B: It's a nice country.

A: What a quiet country it is!
B: It's a lovely country to travel.

A: Did you say it was a lovely country to travel?
B: Yes, why?

A: There were a lot of beggars on the street.
B: Which part of England?

A: I was in Cardiff.
B: Cardiff is in Wales.

A: Isn't Wales part of England?
B: Oh, gees! That's not true.

A: Mr. White who is from London told me so.
B: If he were Welsh, he wouldn't say that.

DAY-21

A: Can I get you something to drink?
B: Can you get me a lemonade?

A: Oops! I am sorry. I spilled it on your shirt.
B: It's okay. Just get me some tissues.

A: I am really sorry. Don't get upset.
B: I am fine. Let's change the subject.

A: When did you get back from Thailand?
B: I got back yesterday.

A: Did you get me a present?
B: I am sorry, but I didn't have time.

A: What an excuse! It doesn't take much time to buy a gift.
B: I really didn't have time. I attended my friend's wedding.

A: Who got married?
B: My friend Sally got married.

A: So that's why I couldn't get a hold of you.
B: Did you call me?

A: Of course. I called you several times.
B: In fact, I didn't even take my cell phone. As you know, it's expensive to get an international roaming service.

A: When did you get here?
B: I just got here.

A: Let me show you my new pen.
B: Where did you get it?

A: I bought it from Miko mart.
B: I am getting the impression that you are lying.

A: Why do you think so?
B: You don't have any money.

A: I got a 5 million dollar project last week.
B: Really? That's very good for you.

A: I also got a phone call from the main office.
B: Did you get a promotion?

A: No, I got a bonus.
B: How wonderful!

A: I am going to get a new car.
B: You must be a genius.

A: Once you get to know me, you will be surprised.
B: I am already surprised.

DAY-22

A: When are you taking your driving test?
B: I don't know yet. It takes a long time to prepare.

A: Why do you need a driving license?
B: It's cheaper than taking a cab.

A: Why don't you take a bus?
B: Buses take too long to get to school.

A: Are you usually busy in the morning time?
B: Yes, I take a bath every morning.

A: So do I.
B: I take 10 vitamins every day.

A: Gees! That's a lot.
B: It takes a lot of effort.

A: Doesn't it take a lot of time?
B: No, it only takes a minute.

A: I see. All my vitamins have disappeared.
B: Who took them?

A: I don't know. Can you think of anyone?
B: Let me take a guess.

A: Look! There is David Beckham.
B: Let's take some photos.

A: Look, he is taking a cab.
B: Let's take a cab and follow him.

A: Why?
B: Don't you want to take a photo with him?

A: Of course I do. Let's go.
B: Shoot! I don't have any money.

A: What?
B: My younger brother took all of my money.

A: Damn, we lost him.
B: It's so hard taking photos of celebrities.

A: It takes a lot of effort.
B: Forget about it. Are you going to school tomorrow?

A: Yes, I am taking my car.
B: Can you take me with you?

A: I will think about it.
B: Come on. How about driving me to school every day?

DAY-23

A: Good afternoon. Can I help you?
B: Yes, I am leaving the hotel now.

A: What is your room number?
B: It's room 206.

A: Do you have the key?
B: Yes, it's right here.

A: Did you enjoy your stay?
B: It was lovely staying here.

A: This is the place where Tom Cruise stays.
B: A lady told me.

A: There are many famous guests.
B: The lady said her favorite part was the guests.

A: Let me get your bill.
B: Thank you.

A: Here you are. It's 215 dollars.
B: Do you take credit card or cash?

A: We take both.
B: Shoot! I left my card in the room.

A: Are you ready to order?
B: What is the special?

A: It's steak and eggs.
B: Is there coffee with that?

A: Yes, there is. There are also other choices.
B: It's always good eating here.

A: Yes, we offer many options.
B: Isn't this the place where you have the buffet?

A: Yes. There is a buffet right around the corner.
B: If I could have the buffet, I would be pleased.

A: No problem. Let me get you a plate.
B: I will also take a coffee, please.

A: Are you expecting anyone else?
B: Yes, a friend said she would join me.

A: I will get you another plate.
B: She said she was running late.

A: Can I get her some coffee as well?
B: Yes, she will want it when she gets here.

DAY-24

A: How much is it to send a letter to Canada?
B: It will be about 5 dollars.

A: Do you take cash or credit?
B: We only take cash.

A: How long will it take to get there?
B: There are different mail services.

A: Which one is the fastest?
B: There is Fed Ex. It only takes 4 days.

A: It's good knowing I can get it there fast.
B: Would you like to FedEx the letter?

A: Yes. I was hoping for a quick service.
B: Let me get you an address label.

A: Thank you.
B: If I were you, I would take our business card.

A: Sure, I will take one.
B: Are you sending this letter home?

A: Yes, my mother said she would love a letter.
B: It will get there soon enough.

A: Hello, doctor.
B: Hi, Lucy. It's good to see you.

A: It's good to see you, too.
B: What seems to be the matter?

A: There are a few things.
B: I'm sure there is something I can do for you.

A: The place where I usually go was very busy today.
B: I don't have many patients today.

A: The woman who schedules appointments got me in quickly.
B: She is very nice, isn't she?

A: I have a migraine.
B: I will give you some tablets to take.

A: If I could get a prescription, I would appreciate it.
B: Sure thing. I will get you that prescription.

A: How many tablets do I take?
B: Take 2 immediately and go to sleep.

A: Do I take a tablet when I get up?
B: Yes, take one more tablet and you will feel better.

DAY-25

A: Is there something on your mind?
B: Yes, there is.

A: Do you want to talk about it?
B: It's the final exam.

A: Have you been studying?
B: Yes, but I have to work a lot.

A: Can you call work to say you are busy?
B: If I call work, I would have to lie.

A: Have you told your boss that you have to study?
B: Of course, but he doesn't take me seriously.

A: Can you take a sick day?
B: My boss said he couldn't give me another sick day.

A: It's hard studying and working.
B: Especially when I need to get great marks.

A: I am sure it will all work out.
B: Yes, I need to stay positive.

A: I'm sure you'll feel better after you take the exam.
B: There are worse things than exams.

A: Where are you from?
B: I come from Canada. It's very nice.

A: Why did you come to Korea?
B: I came to teach English.

A: Do you like it here?
B: Yes, it's good living here.

A: Did you take a plane to get here?
B: Yes, It's the only way to get here.

A: If you live in Europe, there is the train.
B: Originally, I was routed through Europe.

A: Were you going to take the train?
B: I wanted to fly. It is the fastest way.

A: Are you glad to be here?
B: Oh yes! This is the place where I should be.

A: The man who taught me English was Canadian, too.
B: There are many Canadians here.

A: Yes, there are.
B: Nice meeting you.

DAY-26

A: Let's make plans to get together.
B: Sure, it's always fun hanging out with you.

A: What should we do?
B: There are some new movies playing.

A: There is one movie I really want to see.
B: What's it called?

A: Indiana Jones.
B: Is that about the man who hunts for lost treasures?

A: Yes, in the places where they are hidden.
B: If I were a super hero, I would be Batman.

A: I am really excited to see this movie.
B: Me too. I enjoy watching movies.

A: Should I get us tickets then?
B: Yes, and we should get there early.

A: I will meet you and then we will take a taxi.
B: Good idea. We can get there faster.

A: Then we can take our time and get good seats.
B: Okay, see you then.

A: Welcome to the party, there is beer in the fridge.
B: Thank you. Where is the fridge?

A: It's in the kitchen on your right.
B: Oh, I see it.

A: Can you get me a beer, too?
B: It's my pleasure.

A: When did Lucy say she could get here?
B: She said she was running late.

A: If I had a car, I would pick her up.
B: She told me she was on her way.

A: Great. It's always good to see Lucy.
B: I agree. It's fun talking with her.

A: I was thinking of her yesterday.
B: Remember the place where we all met?

A: Yes, and the man who joined us.
B: I plan to marry Lucy soon.

A: What a surprise! Congratulations.
B: Thank you for inviting us.

Appendix_Review **219**

DAY-27

A: Is there a good restaurant in the area?
B: Yes, there is. There are many.

A: Will it be hard to find one?
B: No, it's a very lively place.

A: Can I get there by walking?
B: Yes, but it's faster to get a taxi.

A: Can I take the bus?
B: Yes, but it's easier to take a taxi.

A: I will take a map if you have one.
B: Are you from out of town?

A: Yes, I was sent here to work.
B: Do you like it here?

A: Yes, I enjoy working here.
B: If I had time, I would travel.

A: Well, I used to live here a long time ago.
B: Let me suggest a place to go.

A: Is it quiet? My wife said she wanted to relax.
B: Yes, it's lovely.

A: Are you looking for something in particular?
B: I was sent to get some office supplies.

A: Well, this is the place where you will find many.
B: Do you have any pencils?

A: Yes, there are many down aisle 3.
B: Can you please get me a cart?

A: Here, take this.
B: Thank you. I will also take a business card.

A: Let me get one for you.
B: Is there a paper section?

A: Yes, there is. I will take you.
B: I also came to get some computer discs.

A: There is a computer section over there.
B: Can you take me there?

A: Yes, please follow me.
B: It's fun shopping on the job.

A: How much will you be spending today?
B: My boss told me I have a budget of 200 dollars.

DAY-28

A: Where can I get tickets for the concert?
B: The place where it says "tickets for sale"

A: Do you think it is sold-out?
B: I was here to buy tickets yesterday.

A: And did you get some?
B: Yes, I did. I am thinking there are still tickets.

A: That's great. I should take the night off.
B: It's a good concert and there is a special guest.

A: If I could get tickets, I would be happy.
B: The man who sells tickets is there right now.

A: Great. My friend said she really wants to go.
B: Is it a special occasion?

A: No, but I promised I would take her.
B: Sounds like it will be fun.

A: It should be nice going together.
B: It's nice sharing a lovely night at the show.

A: Yes. I love living in a big city with many shows.
B: You should go before the ticket booth closes.

A: Hello, sir. how much do these shoes cost?
B: They are 30 dollars.

A: Are there any cheaper shoes?
B: Yes, there are. Just over there.

A: I came to find something cheap.
B: It will be a sale day tomorrow.

A: I was hoping to find something today.
B: Let me get you our catalog.

A: Sure, I can take a look.
B: If I could help you, I would be happy.

A: Can you get me this pair in a size 7?
B: Let me get those for you.

A: While I wait, I will be looking around.
B: Here you are, size 7.

A: Thank you. I will try them on.
B: Do they fit?

A: Yes. It's great finding a pair of shoes that fit.
B: It's great helping my customers.

Appendix_Review **221**

DAY-29

A: How's it going, John?
B: It's going well. What's up?
A: Did you wanna hang out this weekend?
B: Sure, we can go grab a beer.
A: Maybe before that we can go and catch a flick.
B: That sounds like a cool idea.
A: Should we invite some other friends?
B: Well, I'm a little short for cash.
A: I can lend you a few bucks.
B: Really? That would be awesome.
A: Don't sweat it. I just got paid.
B: I will invite my girlfriend.
A: I will bring my boyfriend, too.
B: Perhaps we can swing by Jack's after.
A: Yes, I heard he was having a party.
B: There will be a few kegs.
A: Nice.
B: Then, let's go partying after the show.

A: The concert last night was classic.
B: Yes, it was amazing.
A: You were bang-on when you said it'd be good.
B: I was playing air guitar all night.
A: Especially since we pulled an all-nighter.
B: Yeah, I crashed when I got home.
A: Me too. Today is a bad hair day.
B: Oh, don't be a drama queen, you look fine.
A: You're the best, thanks.
B: Remember, we almost got back stage?
A: Of course, but the band members were real airheads.
B: We probably would have told them to bugger off.
A: I agree. Boys in bands are stuck up.
B: I know what you're saying.
A: Hey, tomorrow is the booze cruise.
B: We should go and show off our concert pics.
A: Definitely!
B: See ya.

OUTRO

1, 2탄 및 실전대화편까지 나 올수 있게 되어
독자 여러분들께 진심으로 감사드립니다.

〈3030 English〉는 1, 2탄 및 실전대화편에 걸쳐 영어회화에 필요한 필수 부분들을 모두 다 뤘습니다. 해외연수나 출장 가기 전 필요한 모든 것들을 다뤘다고 해도 과언이 아닐 정도라 고 생각합니다.
그리고 무엇보다 그 방대한 내용들을 여러분 모두가 외국인 앞에서 "소리 내어" 말할 수 있 게 되었다는 점이 저를 더욱 기쁘게 합니다.
최근에 받은 이메일에서는 〈3030 English〉 1, 2탄을 하신 대기업 부장님께서 원래 영어메 일을 쓰는 데 1시간이 걸렸는데 〈3030 English〉를 학습한 이후로는 20분이면 쓸 수 있다 고 전해 오셨습니다.
이렇듯 정말 성실히 학습한 분들은 하나같이 효과를 보고 계셔서 저는 매우 즐겁습니다.
여기까지 오신 분들도 다 마찬가지실 거라 생각됩니다.
영어 실력이 많이들 향상되셨죠?

감사합니다. 다 여기까지 오신 여러분들 덕분입니다.

한국사람도 외국에 오래 살면 우리말이 서툴러집니다.
하물며 외국어인 영어는 어떨까요?
지금 실력이 좋아졌다고 절대 멈추시면 안 됩니다.
말은 사용하지 않으면 금세 잊어 버리게 마련입니다.
바쁘시더라도 일주일에 한두 번 영어로 말하기를 꼭 연습하세요.
물론 학원 원어민 수업을 받으시거나 연수를 가시면 더 좋겠지만 최소한의 연습이라도 하신다면 지금의 영어실력을 평생 간직하실 수 있으리라 확신합니다.

그럼 영어정복에 성공하시길 간절히 기도합니다.

THANK YOU

하나님, 감사합니다!
부모님, 존경합니다!
정기영 사장님, 덕분입니다!

성담스님, 장길섭 목사님, 높은소리 님, 하늘편지 님, 하늘꿈교회 식구들
최숙철 목사님, 금영욱 교수님…
항상 가르쳐 주셔서 감사합니다.

항상 고생하는 이민철, 김동우 실장님
고맙습니다. 덕분입니다.

〈3030 English〉를 함께 만들어 주신
권기현, 정세라, 권경현 님 감사합니다.

그리고 문혜림 사랑합니다.